IŞIKLARI SÖNDÜRÜP GİDERKEN

Hikâye

Veda Hikayeleri

Geveze

14. Baskı Haziran 2010

ISBN: 978-975-996-019-2

Yazar	: Geveze
Kitabın Adı	: Veda Hikayeleri
Genel Koordinatör	: Münir Üstün
Genel Yayın Yönetmeni	: Cem Küçük
Editör	: Elif Avcı
İç Tasarım	: Adem Şenel
Kapak Tasarım	: Yunus Karaaslan
Baskı-Cilt	: Kitap Matbaası Davutpaşa Cad. No: 123 Kat: 1 Topkapı -İstanbul Tel: 0 212 482 99 10

Kültür Bakanlığı Yayıncılık Sertifika No:
1206-34-004350

MAVİAĞAÇ

Çatalçeşme Sk. Meriçli Apt. No: 52 K.3

Cağaloğlu - İSTANBUL

Tel. 0212. 514 45 11 Faks. 0212. 514 45 12

www.maviagac.com / maviagac@maviagac.com

VEDA HİKÂYELERİ

GEVEZE

MAVİAĞAÇ

İÇİNDEKİLER

Önsöz

Hiç hayatınızda on iki yıl boyunca yapmayı planladığınız bir işi sonuçlandırdınız mı?

Nasıl keyifli olduğunu anlatamam sizlere. Elinizdeki kitap son oniki yılda radyo programımımda anlattığım "Veda Hikâyeleri" arasından seçerek bu kitaba sığdırabildiklerimiz. Bu hikâyeler çeşitli kaynaklardan ve ağırlıklı olarak internetten derlendiği için yazarların isimlerine ulaşamadık.

Bu hikâyeler her kime ait ise hakkını teslim ediyor ve bu güzel hikâyeleri yazdıkları için yüreklerine, kalemlerine sağlık diyorum. Program kapanışlarında anlattığım bu hikâyeler bana hayatımın son on iki yılında yol gösterdi. Son zamanlarda sizlerden gelen istekleri de gözönüne alarak bu derlemeyi yaptım.

Hayatımda hiç önsöz yazmadığım için şu satıra kadar okuduklarınızı dört günde yazabildim. Önsözlerde teşekküre pek rastlanmaz ama ilk önce beni yarattığı için Tanrı'ya ardından bana radyoculuk konusunda son oniki yıldır verdikleri destekten dolayı aileme, sabır ve inançlarından dolayı deli yayımcım ile redaktörüme ve bugüne kadar beni hiç yalnız bırakmadığınız için sizlere teşekkür ederim.

Gerçekten teşekkür ederim.

Geveze, İstanbul 2003

tüm dostlarıma

Kral

Bir zamanlar, büyük ve güçlü bir ülkeyi yöneten bir kralın 4 eşi varmış.

Kral en çok 4. eşini severmiş; bir dediğini iki etmez, her şeyin en güzelini, en iyisini ona verirmiş.

Kral, 3. eşini de çok severmiş. Bu güzelliğin bir gün kendisini terk edebileceğinden korktuğu için, onu çok kıskanır, üzerine titrermiş.

Kral, 2. eşini de severmiş. Kendisine karşı her zaman iyi ve sabırlı davranan bu eşi, kralın ne zaman bir derdi olsa daima onun yanında bulunur, sorunun çözümünde ona destek verirmiş.

Kraliçe 1. eşiymiş kralın. Karşılık beklemeden onu en çok seven, sağlığına ve hükümranlığına en büyük katkıyı sağlayan bu eşi olmasına rağmen, kral 1. eşini hiç sevmez ve onunla hiç ilgilenmezmiş.

Bir gün kral ölümcül bir hastalığa yakalanmış. Yakında öleceğini anladığı ve öldükten sonra yapayanlız kalmaktan çok korktuğu için, eşlerinden hangisinin ölüm yanlızlığını kendisi ile paylaşmak isteyebileceğini öğrenmek istemiş.

En çok sevdiği 4. eşine, ölüm yolculuğunda kendisine eşlik edip etmeyeceğini sorduğunda aldığı yanıt, kalbine bıçak gibi saplanan kısa ve net "Mümkün değil!" olmuş.

"Hayatım boyunca seni sevdim; sen benimle birlikte ölmeyi kabul eder misin?" sorusuna 3. eşi "Hayır, hayat çok güzel. Sen ölünce ben yeniden evleneceğim!" diye yanıt vermiş. Kral bir kez daha yıkılmış.

"Her sorunumda, her zaman yanımda olan ve bana yardım eden sendin; bu defa da yanımda olur musun? sorusuna 2. eşinden "Bu sorunun için hiç bir şey yapamam; olsa olsa sana mezarına kadar eşlik eder, güzel bir cenaze töreni yaptırır ve yasını tutarım!" karşılığını almış.

Büyük bir hayal kırıklığı yaşamakta olan kral, 1. eşinin sesi ile irkilmiş: "Nereye gidersen git seninle olurum, seni takip ederim!" "Ah!" diye inlemiş kral "Keşke bir şansım daha olsaydı..."

Yaşamda hepimiz 4 eşliyiz:

4. Eşimiz vücudumuzdur: Onun güzel görünmesi için ne kadar zaman, kaynak ve çaba harcarsak harcayalım, öldüğümüzde bizi terk edecektir.

3. Eşimiz sahip olduğumuz servetimiz ve statümüzdür: Ölür ölmez başkalarına yâr olacaktır.

2. Eşimiz ailemiz ve dostlarımızdır: Tüm sorunlarımızı paylaştığımız bu kişilerin en son yapabilecekleri şey, bu dünyadan gözleri yaşlı bizi uğurlamak olacaktır.

1. Eşimiz ise ruhumuzdur.

Mutlu Yaşamak İçin

* İnsanlara beklediklerinden daha çok şey ver ve bunu mutluluk duyarak, zevk alarak yap.

* En sevdiğin şiiri ezberle.

* Dinlediğin her şeye inanma; sahip olduğun her şeyi harcama ve istediğin kadar uyuma.

* "Seni seviyorum" dediğinde, bunu inanarak söyle.

* "Üzgünüm" dediğinde, o kişinin gözlerinin içine bak.

* Evlenmeden önce en az altı ay nişanlı kal.

* İlk bakışta aşka inan.

* Başkalarının düşleriyle asla alay etme.

* Tutkuyla ve derinden sev. Sonunda belki yara alabilirsin; fakat hayatı bir bütün hâlinde yaşamanın tek yolu budur.

* Anlaşmazlık durumlarında dürüst ol.

* Kimseyi kırma, hakaret etme.

* İnsanları akrabalarına göre yargılama.

* Yavaş konuş ama hızlı düşün.

* Biri sana yanıt vermek istemediğin bir soru yöneltirse gülümse; en büyük aşkın ve en büyük başarıların daha büyük riskleri olduğunu hatırla.

* Anneni ara.

* Biri hapşırdığında "Çok yaşa" de.

* Kaybettiğinde ders al.

* 3 "S"yi unutma: Kendine saygı; başkalarına saygı; her şeyde sorumluluk.

* Küçük bir anlaşmazlığın büyük bir arkadaşlığı bozmasına izin verme.

* Hata yaptığını fark ettiğinde, onu hemen düzelt.

* Telefona cevap verirken gülümse; seni arayan kişi gülümsediğini sesinden anlayacaktır.

* Konuşmaktan, sohbetten hoşlanan bir kadın/erkekle evlen. Yaşlandığınızda, konuşma yeteneğiniz her şeyden daha önemli olacak.

* Biraz yalnız kal.

* Değişikliklere kucak aç; fakat değerlerini yitirme.

* Suskunluğun bazen en iyi yanıt olduğunu unutma.

* Daha çok kitap oku, daha az televizyon seyret.

* İyi ve saygın bir hayat sür. Yaşlandığında ve geçmişi hatırladığında, bir kez daha nasıl zevk aldığını göreceksin.

* Allah'a güven ama arabanı kilitle.

* Evde sevgi dolu bir atmosfer önemlidir. Huzurlu ve uyumlu bir ortam yaratmak için elinden geleni yap.

* Sevdiklerinle anlaşmazlığa düştüğünde, o anki duruma önem ver.

* Geçmişte çok yaşama.

* Satır aralarını oku.

* Bildiklerini paylaş. Bu, ölümsüzlüğü elde etmenin bir yoludur.

* Gezegenimize karşı nazik ol.

* Dua et. Duada, ölçülemeyecek bir güç saklıdır.

* Sana sevgi gösterisinde bulunan birini engelleme.

* Başkalarının işine burnunu sokma.

* Seni öperken gözlerini kapatmayan bir kadına/erkeğe güvenme.

* Yılda bir kez, hiç gitmediğin bir yere git.

* Çok para kazanıyorsan eğer, hâlâ hayattayken başkalarına yardım et. Bu, şansın sana verebileceği en büyük tatmindir.

* Unutma, istediklerini elde edememek bazen büyük bir şanstır.

* Bütün kuralları öğren, sonra bazılarına uyma.

* Başarını, onu elde etmek için vazgeçmek zorunda kaldığın şeylerle değerlendir.

Önce Hedef

1952 yılının Temmuz ayında, otuz dört yaşındaki bir kadın, Pasifik okyanusundaki Catalina adasından sulara dalarak, yirmi bir mil batısında kalan California'ya doğru yüzmeye başladı. Eğer başarılı olursa, bunu yapan ilk kadın olacaktı. Adı Florence Chadwick olan bu yüzücü, Manş Denizi'ni her iki yönde geçen ilk kadındı. O sabah su, vücudu uyuşturacak kadar soğuktu ve sis de o kadar yoğundu ki, beraberindeki tekneleri güçlükle seçebiliyordu. Milyonlarca insan televizyonlarından onu izliyordu. Köpekbalıkları ve dondurucu soğuğun etkisini hiçe sayarak, on beş saat boyunca yüzdü. Yakındaki bir teknede bulunan annesi ve antrenörü, karaya çok yaklaştıklarını ve devam etmesini söyledilerse de o, kendisini sudan çıkarmalarını istedi. Azimli yüzücü, California kıyılarına yarım mil kala sudan çıkışının nedenini şöyle açıkladı: "Karayı görebilseydim, başarabilirdim!"

Vazgeçmesinin nedeni ne yorgunluk, ne de soğuktu: Tek neden, sis yüzünden karayı görememekti. Bu hayatın bir gerçeğiydi; çünkü, bir şeyi başarabilmek için ortada gözle görülür bir hedef olmalıydı...

İradenin Gücü

Kansas'taki bir okulda iki kardeş çalışıyordu ve her sabah sınıftaki sobayı yakmak onların göreviydi.

Soğuk bir günün sabahı, kardeşler sobayı temizlediler ve odunla doldurdular. Birisi bir şişe gazı odunların üstüne döktükten sonra ateşe verdi. O anda öyle büyük bir patlama oldu ki, eski bina sallandı. Patlama sırasında büyük kardeş öldü, diğerinin de bacakları feci şekilde yandı. Daha sonra, şişeye yanlışlıkla benzin doldurulduğu ortaya çıktı.

Yaralanan çocuğu tedavi eden doktor, çocuğun bacaklarını kesmenin daha iyi olacağını söyledi. Anne ve babası yıkılmıştı. Zaten bir oğullarını yitirmişlerdi; şimdi de diğer oğulları bacaklarını kaybedecekti. Fakat inançlarını kaybetmemişlerdi. Doktora kesme işlemini ertelemesini rica ettiler. Doktor kısa bir süre için bunu kabul etti. Anne ve baba çocuklarının bacaklarının iyileşmesi için dua ediyor ve her gün doktordan kesmeyi bir gün daha ertelemesini istiyorlardı.

Bu, iki ay sürdü. Doktorla hergün tartışıyorlardı. Bu arada çocuklarının bir gün tekrar yürüyebileceğine inandırıyorlardı. Çocuğun bacakları kesilmedi ama sargılar açıldığında, sağ bacağının diğerinden altı cm. kadar daha kısa olduğu ortaya çıktı. Sol ayağındaki parmaklar da neredeyse yoktu. Fakat genç adam kararlıydı. Acılar içinde kıvranmasına rağmen, hergün egzersiz yaptı ve nihayet bir iki adım atmayı başardı. Genç adam, daha sonra koltuk değneklerinden de kurtuldu ve yürümeye, sonra da koşmaya başladı.

Bu genç adam koştu, koştu ve koştu. Neredeyse kesilmek üzere olan bacakları ona bir dünya rekoru bile kazandırdı. Bu genç adam Glenn Cunningham'dı.

"Dünyanın En Hızlı İnsanı" olarak tanınan gence, Madison Square Garden'da yüzyılın sporcusu ünvanı verildi.

* * *

Yüreğinin ve iradenin gücünü eğer son damlasına kadar kullanırsan, başarı kaçınılmaz sonuçtur.

Ulu Tanrım

* Her zaman, her yerde ve her konuda benim de konuşmam gerektiği düşüncesinden beni arındır.

* Çevremdeki insanların hayatlarını yönlendirmek ve onların hatalarını düzeltmek arzusundan beni kurtar.

* Konuşurken gereksiz detayları anlatmamam için beynimi serbest bırak ve bir an önce konuşmanın sonuna varmamı sağla.

* Bana, başkalarının ağrı ve acılarını dinleyebilme nezaket ve sabrını ver; bu arada kendi ağrı ve sızılarımı onlara anlatmamam için de dudaklarımı mühürle. (Çünkü yıllar geçip yaşlandığımda, ağrı ve sızılar artıyor ve bunlardan herkese bahsetmek bana ayrı bir zevk veriyor.)

* Lütfen Tanrım, bana arada sırada benim de yanılabileceğim gerçeğini öğret; beni olabildiğince iyi insan yap. Beni melek yap demiyorum, zira bu tip insanlarla yaşamak zordur.

* Tanrım, ummadığımız yerlerde güzel şeyler, beklemediğimiz insanların da güzel işler yapabildiklerini görebilmemi sağla ve bana bunu onlara söyleyebilme inceliğini ver.

* Beni mantıklı bir insan yap, kötümser yapma. Benim insanlara yardımcı olabilmeme yardımcı ol; fakat onlara hiç bir zaman patronluk yapma hevesi verme bana.

* Ulu Tanrım, her ne kadar benim çok derin bir akıl stoğum olduğuna ve bu stoktan başkalarının da faydalanmamasının çok büyük kayıp olduğuna inanıyorsam da; bırak bunu göstermeyeyim. Böylece hayatımın son döneminde etrafımda birkaç arkadaşım olsun istiyorum.

Asla Umutsuzluk Yok

Yaşama küsme hakkınız yoktur.
Neden böylesine mutsuzsunuz?
Nasıl bu denli karamsar olabiliyorsunuz?
Belki işinizden memnun değilsiniz,
belki çevrenizden...
Maaşınızı az buluyor
ya da kendinizi beğenmiyorsunuz...
Oysa...
Öylesine değerlisiniz ki!
Örneğin gözleriniz...
Gözlerinizi kaça satarsınız?
1 trilyon?
2 trilyon?
5 trilyon?
Satarsanız;
İşte, zenginsiniz...
Ama...

Bu servetle erişeceğiniz dünyayı görmedikten sonra, paranın bir değeri var mı?

Ya da derdiniz para değil;

Başarı ve saygınlık...

Size gözlerinizin karşılığında bulunduğunuz şirketin genel müdürlüğünü verseler kabul eder misiniz?

Cevabınız "Hayır" değil mi?

O hâlde siz; aslında hem zengin, hem başarılısınız...

Yeter ki,

Allah'ın size verdiği bu değerlerin bilincinde olun.

Bunları, görebileceğiniz bir başarı için hayata geçirin.

O hâlde....

ASLA UMUTSUZLUK YOK!

Çatlak Kova

Hindistan'da bir sucu, boynuna astığı uzun bir sopanın uçlarına taktığı iki büyük kovayla su taşırmış. Kovalardan biri çatlakmış. Sağlam olan kova her seferinde ırmaktan patronun evine kadar giden uzun yolu dolu olarak tamamlarken, çatlak kova içine konan suyun sadece yarısını eve ulaştırabilirmiş. Bu durum iki yıl boyunca her gün böyle devam etmiş. Sucu her seferinde patronunun evine sadece 1,5 kova su götürebilirmiş. Sağlam kova başarısından gurur duyarken, zavallı çatlak kova görevinin sadece yarısını yerine getiriyor olmaktan dolayı utanç duyuyormuş. İki yılın sonunda bir gün çatlak kova ırmağın kıyısında sucuya seslenmiş: "Kendimden utanıyorum ve senden özür dilemek istiyorum." Sucu "Neden?" diye sormuş, "Neden utanç duyuyorsun?" Kova cevap vermiş: "Çünkü iki yıldır çatlağımdan su sızdığı için taşıma görevimin sadece yarısını yerine getirebiliyorum. Benim kusurumdan dolayı sen bu kadar çalışmana rağmen, emeklerinin tam karşılığını alamıyorsun." Sucu şöyle demiş: "Patronun evine dönerken yolun kenarındaki çiçekleri fark etmeni istiyorum." Gerçekten de tepeyi tırmanırken çatlak kova patikanın bir yanındaki yabanî çiçekleri ısıtan güneşi görmüş. Fakat yolun sonunda yine suyunun yarısını kaybettiği için kendini kötü hissetmiş ve yine sucudan özür dilemiş. Sucu kovaya sormuş: "Yolun sadece senin tarafında çiçekler olduğunu ve diğer kovanın tarafında hiç çiçek olmadığını fark ettin mi?... Bunun sebebi, benim senin kusurunu bilmem ve ondan yararlanmamdır. Yolun senin tarafına çiçek tohumları ektim ve her gün biz ırmaktan dönerken sen onları suladın. İki yıldır ben bu güzel çiçekleri toplayarak onlarla patronumun sofrasını süsleyebildim. Sen böyle olmasaydın, patronum evinde bu güzellikleri yaşayamayacaktı."

* * *

Hepimizin kendimize özgü kusurları vardır.

Hepimiz aslında çatlak kovalarız.

Büyük planda hiçbir şey ziyan edilmez.

Kusurlarınızdan korkmayın ve onları sahiplenin.

Eğer kusurlarınızda gerçek gücünüzü bulduğunuzu bilirseniz, siz de güzelliklere sebep olabilirsiniz.

Şimdi Başla

Bundan yirmi yıl sonra, yaptıkların için değil, yapamadıkların için üzüleceksin.

İşte bu nedenle halatlarını çöz. Güvenli limandan çık ve uzaklara doğru yelken aç.

Rüzgârı yakala, araştır, düşle, keşfet.

Yapabileceğin kadar söz ver. Sonra da söz verdiğinden daha fazlasını yap.

Oturarak başarıya ulaşan tek yaratık tavuktur.

Dertlerini gözyaşlarında boğmak isteyenlere, dertlerin yüzme bildiğini söyle.

Dalın ucuna gitmekten korkma. Meyve oradadır.

Büyük adam büyüklüğünü küçük adama davranışıyla gösterir.

Şans bukelamun gibidir. Biraz zaman tanı; mutlaka değişecektir.

"Tarihte en etkili yüz kişi" adlı kitabı okudum. Onların hepsiyle ortak olduğumuz tek şeyin zaman olduğunu hayretle gördüm.

Günün sonunda kendini bir sokak köpeği kadar yorgun hissediyorsan, bu belki bütün gün hırladığın içindir.

Başlamak için en uygun zamanı beklersen hiç başlamayabilirsin. Şimdi başla! Şu anda bulunduğun yerden, elindekilerle başla.

Gülümsediğinde güzelleşmeyen bir yüz hiç görmedim.

Kimi zaman içindeki o sessiz sese uzmanlardan daha fazla güven.

Aerodinamik yasalarına göre, o tombul ve tüylü arının hiç uçmaması gerekiyordu. Herhâlde bunu ona hiç kimse söylemedi ki, uçuyor.

Zamanlarının büyük bir kısmını para kazanmak ve saklamakla geçiren insanlar, sonunda en çok istediklerinin satın alınamayacak şeyler olduğunu anlarlar.

Öteki insanlardan daha akıllı ol; yalnız bunu onlara söyleme.

Mutlu olmanın en garantili yolu, bir başkasını mutlu etmektir.

Hayatta ya tozu dumana katarsın, ya da tozu dumanı yutarsın.

İyi çalışan, sık gülen ve çok seven başarıyı elde eder.

Baba Unutur

Dinle oğlum, bunları sana sen uyurken söylüyorum. Küçücük elini yanağının altına sokmuşsun, nemli alnındaki sarı lülelerin yapış yapış ıslak. Odana bir hırsız gibi süzülerek girdim. Birkaç dakika önce kütüphanede oturmuş gazetemi okurken vicdan azabım nefes kesen bir dalga gibi üstüme geldi. Bir suçlu gibi yatağının baş ucuna geldim.

Neler mi düşündüm oğlum? Sabah sabah kızmıştım. Okula gitmek üzere giyinirken seni azarladım; çünkü yüzünü ıslak havluyla öylesine silivermiştin. Ayakkabılarının kirli olduğunu görünce sana onları temizlettim. Bazı eşyalarını yere attığında sana öfkeyle bağırdım.

Kahvaltı ederken bir sürü kusurunu buldum. Yiyecekleri etrafına saçıyordun, lokmalarını çiğnemeden yutuyordun, ekmeğine çok fazla tereyağı sürmüştün. Sen oyun oynamaya gidiyordun, bense trenime yetişmek zorundaydım. Bana baktın, elini salladın ve "Güle güle babacığım!" dedin. Ben ise kaşlarımı çattım ve "Dik dur!" dedim sana.

Akşam üzeri de durum farksızdı. Eve gelirken seni yere çömelmiş arkadaşlarınla bilye oynarken buldum. Çorapların yırtılmıştı. Arkadaşlarının önünde seni küçük düşürdüm ve kolundan tutup eve götürdüm. Bu çoraplar çok pahalıydı ve giymek istiyorsan dikkatli olmalıydın. Düşün oğlum, bunları sana baban söylüyordu!

Hatırlıyor musun, sonra çalışma odama girdin. Gözlerinde incinmiş bir ifade vardı. Kağıtlarımın üzerinden sana baktığımda bir an için çıkmaya yeltendin. "Ne istiyorsun?" diye bağırdım sana.

Hiç bir şey söylemeden koşup boynuma sarıldın ve beni öptün; hem de büyük bir sevgiyle. Sonra koşarak dışarı çıktın.

Kağıdım elimden düştü. Bana neler oluyordu? Sürekli senin hatalarını buluyordum. Seni böyle ödüllendiriyordum. Seni sevmediğim için değildi bu; senden çok şey beklediğim içindi. Seni kendi çağımın değer yargılarına göre değerlendiriyordum çünkü.

Oysa ki senin pek çok güzel özelliğin var. Kalbin öylesine güzel ki! Bu gece gelip beni öpüşün de bunu kanıtlıyor. Bu gece başka hiçbir şeyin önemi yok oğlum. Karanlıkta, yatağının yanında diz çöktüm ve çok utanıyorum. Bunları sana uyanıkken anlatsam da anlamazsın biliyorum. Fakat yarın gerçek bir baba olacağım: Seninle oynayacağım; sen acı çektiğinde acı çekecek, sen güldüğünde güleceğim; dilimin ucuna kötü şeyler geldiğinde dilimi ısıracağım; kendi kendime sürekli "O bir çocuk!" diyeceğim.

Ben seni büyük bir adam gibi gördüm. Oysa ki sen daha küçük bir çocuksun. Daha dün annenin kolları arasındaydın, başını onun omzuna dayamıştın. Ah, senden çok şey bekledim oğlum, çok şey bekledim!...

* * *

İnsanları eleştirmek yerine onları anlamaya çalışalım. Ne yapmak istediklerini anlayalım. Sempati, hoşgörü ve nezaket eleştiriden çok daha yararlıdır; çünkü "Bilmek affetmektir." Dr. Johnson'ın da söylediği gibi "Tanrı bile insanı son gününe kadar yargılamaz." O halde neden biz yargılayalım?

Eleştirmeyin, kınamayın ve şikayet etmeyin!

Gerçek Güzellik

"Bebeğimi görebilir miyim?" dedi yeni anne. Kucağına küçük, yumuşak bir bohça verildi. Mutlu anne, bebeğinin minik yüzünü görmek için kundağı açtığındaysa, şaşkınlıktan âdeta nutku tutuldu. Anne ve bebeği seyreden doktor, kadının yüzündeki ifadeyi görünce hızla arkasını döndü ve sıkıntıyla camdan bakmaya başladı. Bebeğin kulakları yoktu.

Muayenelerde, bebeğin duyma yetisinin etkilenmediği, sadece görünüşü bozan bir kulak yoksunluğu olduğu anlaşıldı.

Aradan yıllar geçti, çocuk büyüdü ve okula başladı. Bir gün okul dönüşü eve koşarak geldi ve kendisini annesinin kollarına attı. Hıçkırarak ağlıyordu.

Bu onun yaşadığı ilk büyük hayal kırıklığıydı; hıçkırıklar içinde güçlükle "Büyük bir çocuk bana 'ucube' dedi!" diyebildi. Küçük çocuk bu kadersizliğiyle büyüdü. Arkadaşları tarafından seviliyordu ve oldukça da başarılı bir öğrenciydi. Sınıf başkanı bile olabilirdi; eğer insanların arasına karışmış olsaydı.

Annesi, her zaman ona "Genç insanların arasına karışmalısın!" diyordu; ancak aynı zamanda yüreğinde derin bir acıma ve şefkat hissediyordu.

Delikanlının babası, aile doktoru ile oğlunun sorunuyla ilgili bir görüşme daha yaptı; "Hiçbir şey yapılamaz mı?" diye sordu. Doktor "Eğer bir çift kulak bulunabilirse, organ nakli yapılabilir," dedi. Böylece genç bir adam için kulaklarını feda edecek birisi aranmaya başlandı. Aradan iki yıl geçtikten sonra bir gün babası "Hastaneye gidiyorsun oğlum; annen ve ben, sana kulaklarını verecek birini bulduk; ancak sakın unutma, bu bir sır!" dedi.

Operasyon çok başarılı geçti ve âdeta yeni bir insan yaratıldı. Yeni görünümüyle psikolojisi de düzelen genç, okulda ve sosyal hayatında büyük başarılar elde etti. Daha sonra evlendi ve diplomat oldu. Yıllar geçmişti; bir gün babasına gidip sordu: "Bilmek zorundayım, bana bu kadar büyük bir iyilik yapan kişi kim? Ben o insan için hiçbir şey yapamadım!"

"Bir şey yapabileceğini sanmıyorum," dedi babası. "Fakat anlaşma kesin, şu anda öğrenemezsin, henüz değil..."

Bu büyük sır yıllar boyunca gizlendi. Ancak bir gün, açığa çıkma zamanı geldi. Hayatının en karanlık günlerinden birinde, annesinin cenazesi başında babasıyla birlikte bekliyordu. Babası yavaşça annesinin başına elini uzattı; kızıl kahverengi saçlarını eliyle geriye doğru itti; annesinin kulakları yoktu. Şaşkınlık içindeki oğluna "Annen hiçbir zaman saçını kestirmek zorunda kalmadığı için çok mutlu oldu," diye fısıldadı. "Ve hiç kimse, annenin daha az güzel olduğunu düşünmedi değil mi?"

* * *

Gerçek güzellik fiziksel görünüşe bağlı değildir; gerçek güzellik ancak kalptedir...

Gerçek mutluluk, gördüğün şeyde değil, aslında görünmeyen yerdedir...

Gerçek sevgi, yapıldığı bilinen şeyde değil, yapıldığı hâlde bilinmeyen şeydedir...

Güzel Bakan Güzel Görür

Bir defasında Rus Çarı at arabasıyla ülkesini dolaşıyormuş.

Araba yoldaki kanal inşaatının önünde durmak zorunda kalmış. Kanal kazan işçiler Çarın arabasını görünce heyecanla irkilmişler.

Çar arabadan inmiş ve kan-ter içinde kalan bir işçiye sormuş:

"Bu kadar yoruluyorsun, kan-ter içinde kalıyorsun peki iyi para kazanabiliyor musun?"

"Bana yetecek kadar kazanıyorum efendim!" diye yanıt vermiş işçi.

"Yani ne kadar?" diye tekrar sormuş Çar.

İşçi başını öne eğmiş ve şöyle yanıt vermiş:

"Borçlarımı ödeyebiliyorum, gelecek için faize yatırabiliyorum ve kalanı ile de hergün sıcak yemek yiyebiliyorum efendim."

Çar çok şaşırmış. Ülkede bu kadar az para kazanan, boğaz tokluğuna çalışan bir kanal işçisi nasıl olur da bu kadar az parayı, bu kadar çok yerde, bu kadar verimli kullanabilir diye merak etmiş.

Dayanamayarak tekrar sormuş:

"Peki paranı nasıl yetirebiliyorsun da bu kadar faydalı işe fırsat bulabiliyorsun?"

İşçi yanıt vermiş:

"Babama bakıyorum: Bu eski borçlarımı ödediğim anlamına gelir. Oğlumun nafakasını çıkarıyorum: Bu ise gelecek için yatırım yaptığım anlamına gelir. Yani böylece paramı faize yatırmış oluyorum. Hergün bahçemde yetişen, lahanayı yiyorum."

Çar, fakir işçinin verdiği yanıttan çok etkilenmiş ve hemen onu bir kese altınla ödüllendirmiş. Saraya döndükten sonra ise akıllı işçinin sözlerini, bir bilmece olarak yaverlerine sorup onları sınamış.

* * *

Kıssadan Hisse:

Hayat, sizin ona baktığınız yönde güzeldir.

Kutudaki Öpücük

Adam üç yaşındaki kızını, gayet pahalı bir hediyelik kaplama kağıdını ziyan ettiği için azarlamıştı. Küçük kız, koskoca bir paket altın yaldızlı kağıdı, bir kutuyu eğri büğrü sarmak için kullanmıştı. Yılbaşı sabahı, küçük kızı paketi getirip "Bu senin babacığım!" dediğinde üzüldü. Acaba gereğinden fazla mı tepki göstermişti kızına? Bir gece evvel yaptığından utandı... Ne var ki paketi açınca yeniden öfkelendi. Kutunun içi boştu. Kızına gene bağırdı: "Birisine hediye verdiğinde kutunun içinde birşey olması lazım. Bunu da mı bilmiyorsun küçük hanım?" Küçük kız gözlerinde yaşlarla babasına baktı. "O kutu boş değil ki baba!" dedi. "İçini öpücüklerimle doldurmuştum!"

Adam öyle fena oldu ki... Kızına sarıldı; beraberce ağladılar. Adam o altın kutuyu ömrünün sonuna kadar yatağının baş ucunda sakladı. Ne zaman keyfi kaçsa, ne zaman morali bozulsa, ne zaman kendini kötü hissetse kutuya koşar, içinden minik kızının sevgi ile doldurduğu hayalî öpücüklerden birini çıkarırdı.

Unutmayın

Unutmayın, sevdiğimiz herkes bir gün düşmanımız olabilir; nefret ettiğiniz herkes de düşmanınız. İşte, size kıssadan hisse alınacak anlam yüklü bir hikayecik:

Zamanın birinde, bir oduncu ormanda odun keserken çalı arasında bir yılana rastlamış. Elindeki baltayı kaldırıp yılanın başını vurmak üzereyken bir an göz göze gelmiş. Yaradana olan aşkı -yılan bile olsa- yaratılana yansımış ve yılana vurmaya kıyamamış. Yılan da duygulanmış ve dile gelmiş. "Ey insanoğlu, sen bana kıyamadın, ben de sana bir iyilik edeceğim," demiş. Bir kör kuyuya dalmış ve kaybolmuş. Biraz sonra ağzında bir altın lira ile dönmüş ve "Bundan böyle ömür boyu sana her gün bir altın lira vereceğim!" demiş. Oduncu altını bozdurmuş ve evinde o gün şenlik olmuş. Ailesi dahil hiç kimseye olanı biteni anlatmamış. Herkes sadece oduncunun çok çalıştığı için durumunun düzeldiğini zannetmiş. Oduncu yıllar boyu her gün o kör kuyunun başına gitmiş, yılan ile buluşmuş ve altınını almış. Gel zaman git zaman, oduncu ağır hastalanmış. Kuyunun başına gidemez olmuş. Birkaç gün geçince bolluğa alışmış evinde darlık başlamış. Oduncu oğlunu yanına çağırmış ve yılanın sırrını anlatmış. "Kör kuyunun başına git ve oğlum olduğunu söyle; yılan sana altın verecek!" demiş. Oğlu inanmamış ama gitmiş. Yılan önce saklanmış, sonra ortaya çıkmış. Onun oduncunun oğlu olduğuna iyice kanaat getirince de kuyuya inip bir altın getirmiş. Oğlan önce inanmadığı hikâyenin gerçek olduğunu görünce hırsa kapılmış, "Kimbilir daha ne kadar altın var kuyunun içinde!" diye düşünmüş. Hırsla yılanı öldürmek için bir hamle yapmış, ıskalamış ama yılanın kuyruğunu koparmış. Yılan da can havliyle dönüp oğlanı sokmuş ve öldürmüş. Akşam yaklaşıp da oğlu gelmeyince oduncu iyice endişelenmiş. Hasta yatağından sürünerek bile olsa kalkmış. Kuyunun başına gitmiş ki oğlu cansız yatıyor. Yılan da o arada görünmüş; kuyruğu yok ve kanlar içinde. Oduncu durumu anlamış ve çok üzülmüş. Canının parçası oğlu yerde cansız, yıllardır velinimeti olan yılan ise yaralı... "Hatalı olan oğlum olmalı!" demiş ve yılandan özür dilemiş. "Tekrar dost olalım!" demiş. Yılan ise acı acı gülümsemiş: "Çok isterdim ama sende bu evlat acısı, bende de bu kuyruk acısı varken biz artık dost olamayız!" demiş.

İtibar ve Karakter

İtibarı içinde yaşadığın ortam belirler; karakteri ise inandığın doğrular...

İtibar sandığın şeydir; karakter ise olduğun şey...

İtibar fotoğraftır; karakter ise yüz...

İtibar dışarıdan gelir; karakter ise içeriden...

İtibar, yeni bir topluluğa girdiğinde sahip olduğundur; karakter ise giderken elinde olan...

İtibarın bir anda olur; karakterin ise ömür boyunca...

İtibarın bir saatte öğrenilir; karakterin ise bir yılda açığa çıkmaz...

İtibar mantar gibi büyür; karakter ise sonsuza kadar sürer...

İtibar zengin veya fakir yapar; karakter ise mutlu ya da mutsuz...

İtibar insanların mezar taşına kazıdıklarıdır; karakter ise meleklerin TANRI huzurunda senin için söyledikleri...

Zamanın Çok İnce Dilimleri

İyimser bir hesapla diyelim ki, seksen yıl yaşadınız.

Hergün çalışmak, yemek ve uyumakla geçen saatler ayrı ayrı hesaplanırsa ortaya korkunç bir tablo çıkıyor.

Seksen yılınız ede ede 29.200 gün ediyor...

Günde yedi saat uyusanız, seksen yılda 204.400 saat, yani 23 yıl 4 ay uyumuş oluyorsunuz. "Amma çok lan!" diye düşüneceksiniz. Evet, bence de; fakat uyumadan olmuyor. İnsan ömrünün büyük bir bölümünü uykuda geçiriyor.

Geri kalan 56 yıl 8 ayınızın 1 yılı tuvalette, 7 yılı yolda, 2 yılı banyoda, 6 yılı yemek sofrasında, 23 yılı mesai başında, hiç sınıfta kalmazsanız 3 yılı okullarda, 2 yılı evde ders çalışmakla, 6 yılı kuyrukta ya da orada burada beklentilerle ve alışverişle geçip gidiyor; elde kalıyor 6 yıl 8 ayınız...

Erkekler askerlik ve sakal tıraşına 3 yıl ayırırken, kadınlar da bu 3 yılı makyaj yaparak ve kuaförde geçirip durumu dengeliyorlar. Kadın veya erkek olsun, ömür boyu tırnak kesmek 1 ayımızı alıyor.

Her insanın zorunda olduğu para saymak konusu da ister istemez 4 ay gibi bir zaman dilimini çalıyor...

Gelelim size kalan 3 yıl 3 ayınıza...

Evliyseniz bunun 1 yılı karı koca kavgasıyla geçer: 40 yıllık bir evlilik ve günde ortalama yarım saat ağız dalaşı gibi iyimser bir hesapla tabiî! Kimi evlilikler vardır ki onların kavgaları bu geri kalan 3 yıl 3 aya da sığmaz. Biz burada mülayim bir evli çifti örnek olarak alıyoruz. Bekârsanız, karı koca kavgasına ayıracağınız 1 yılınız telefonda telef olacak demektir.

Kalakalıyor sadece 10 ayınız.

Günde 15 dakika televizyon izleseniz -ki izliyorsunuz- gitti işte 10 ayınız; hayat tamam oldu. Saatlerce televizyon izleyenler o vakti mutlaka ya seksten ya da dersten çalıyorlar. Çünkü başka türlü olmaz, hesap ortada...

Ayrıca bu hesaba; uzun yolculuk yapmanız, hastalanıp yatmanız, erkeklerin sünnet, kadınların lohusalık dönemleri, kimi cenazelere katılmanız, karakolluk olmanız, mahkemeleriniz, noter işleriniz, banka ziyaretleriniz, dişçi, doktor tantanaları gibi kayıp zamanlar katılmadı.

Hesaba katılmayan en önemli şey, kitap okumak, tiyatro, sinema, bale, opera izlemek, bir yerlere tatile gitmek, yan gelip yatmak...

Bütün bunlara ayıracak dakikanız olmadığı somut ve aritmetik olarak çözümleniyor.

Üstelik herkes seksen yıl yaşamıyor. Kötümser bir hesapla sizin çişe gitmeye bile vaktiniz yok...

Kâhin

İçi sıkılıyordu; anlayamadığı bır duygu içini burkuyordu. En iyisi ona gitmekti. Kendisine o yardımcı olabilirdi. Telefon açtı kahine.

"İmkansız, tam çıkmak üzereydim!" dedi kahin.

"Lütfen!" dedi kadın kendisini kıramayacağını düşünerek.

Çok zengindi kadın, ülkenin en zenginlerinden.

Doğaüstü güçlere inanırdı ve kahinin müdavimlerindendi. Tabiî ki kahin böyle iyi bir müşterisini kıramamıştı.

Karşılıklı oturuyorlardı. Önlerindeki suya baktı kahin; kaşları çatıldı, gözbebekleri büyüdü, alt dudağı düştü, kafasını kaldırıp ona baktı "Çok üzgünüm!" dedi. Bir an için duraksadı, belli ki söylemek istemiyordu. "Ne?" dedi kadın ısrarla. Kahin "Suda yarını göremiyorum!" dedi. Yıkılmıştı kadın. Medyum bugüne kadar hiç yanılmamıştı.

Yarın olmadığına göre bu gece ölecekti. Ne yapmalıydı? Evine gitti; vasiyetini yazdı ve biraz televizyon izledi. Uykusu gelmişti. Son gecesiydi ve ne yapacağını bilmiyordu. En iyisi uyumaktı. Böylece ölürken hiçbir şey hissetmezdi.

Yatağına uzandı, gözlerini kapattı ve derin bir uykuya daldı.

Uyandığında güneş yeni doğmuştu, kus sesleri geliyordu.

"Cennette miyim?" diye düşündü. Herşey gece bıraktığı gibiydi. Kalktı; sabahlığını giydi ve salona indi. Herşey normal gözüküyordu. Kahin bu kez yanılmış mıydı acaba? Masanın üstündeki gazeteye gözü ilişti.

Manşette şöyle yazıyordu : "Ünlü kahin öldü."

Bu öykü, hayatlarını kendi kararları ile yaşamak yerine başkalarının kararları ile yaşamayı seçenlere...

Dünyadaki En Güzel Şeyler

Dört gözle beklediğiniz bir haberin gelmesi...

Bir ağrının dinmesi...

Yıllar sonra bir gün, çocukluğunuzda annenizin sizin için yaptığı kurabiyelere bir yerde rastlamak...

Yağmurdan sonra açan güneş...

Buz gibi sokaktan sıcacık eve girmek...

Yorgunluktan bitmişken yatağa uzanmak...

Tuttuğunuz takımın ezelî rakibini yenmesi...

Kızgın kumlarda uzun uzun yattıktan sonra bedeni denizin serinliğine bırakmak...

Sabahları kızarmış ekmek kokusuyla uyanmak...

Bir doktor muayenehanesinin kapısından şüpheleri dağılmış olarak sevinçle çıkmak...

Yaz sıcağında, bir öğle uykusunun mahmurluğunu buz gibi bir dilim karpuzla atmak...

Bir bahçenin önünden geçerken duyduğunuz hanımeli kokusu...

Sabah uyanıp o gün tatil olduğunu hatırlamak...

"Artık bitti!" derken sizi arayıvermesi...

Yaşlı ana babanızın hâlâ çaldığınız kapının arkasında ya da hattın öbür ucunda olması.

Fırından yeni çıkmış ekmeğin köşesi...

Bir köşede birbirine sarılmış uyuyan kedi yavruları...

Evinizden, pişmekte olan etli biber dolması kokusunun yayılması...

Soğuktan titrerken elinize tutuşturulan bir bardak çay...

Meteliksiz bir gününüzde çoktandır giymediğiniz ceketinizin cebinden para çıkması...

Onunla ilk kez yalnız kalmak...

Uzun, sıcak bir yürüyüşten sonra karşınıza çıkan bir çınar altı.

Sabahtan beri ayağınızı vuran ayakkabıları çıkardığınız an...

Sudan bir sebeple küstüğünüz arkadaşınızla barışmanız...

Yıkanmış, ütülenmiş, mis gibi kokan yatak takımlarının koynunda uyumak...

Bir sandalın kenarına oturarak bacakları denize sallandırmak...

En sevdiğiniz yemeğin ilk lokmasını ağzınıza aldığınız an...

En önemlisi;

Nefes almak, konuşmak, duymak, yürümek, görmek ve anlamak...

Ne Güzel

Genç adam yöresindeki bilge ve yaşlı kişiler hakkında sağda solda atıp tutuyordu. Bir gün Dhu Nun ona küçük bir ders vermek istedi ve genç adamı yanına çağırarak parmağındaki yüzüğü eline tutuşturdu.

"Şimdi pazara git ve bu yüzüğü 1 dolara sat!" dedi.

Genç adam yüzüğü satmak için pazara gitti; fakat kimse yüzüğe 10 centten fazla vermiyordu. Genç adam çaresiz Dhu Nun'un yanına geri döndü ve olanları anlattı.

Dhu Nun bu kez ona şöyle dedi:

"Şimdi kuyumcuya git ve yüzüğünün değerinin ne kadar olduğunu sor!"

Genç adam kuyumcuya gitti; kuyumcu yüzüğe tam 1000 dolar paha biçti. Genç adam şaşkınlık içinde Dhu Nun'un yanına geri döndü ve kuyumcuda olanları anlattı.

Dhu Nun genç adama ders olacak şu sözleri söyledi:

"Dünyadaki her varlığın gerçek değerini anlaman için çok çalışıp okuman ve o işin uzmanı olman gerekir."

Unutmayın

Önce evlendiğimizde hayatın daha iyi olacağına inandırırız kendimizi.

Evlendikten sonra bir çocuğumuz doğduktan ve hatta ardından bir tane daha olduktan sonra hayatın daha iyi olacağına inandırırız kendimizi.

Sonra çocuklar yeterince büyük olmadıklari için kızar, onlar büyüyünce daha mutlu olacağımıza inanırız.

Daha sonra, ergenlik dönemlerinde çocuklarla uğraşmamız gerektiği için öfkeleniriz.

Kendimize, çocuklarımız bu dönemden çıkınca daha mutlu olacağımızı, yeni bir araba alınca, güzel bir tatile çıkınca, emekli olunca, yaşantımızın dört dörtlük olacağını söyleriz.

Gerçek ise; şu andan daha iyi bir zaman olmadığıdır...

Eğer şimdi değil ise ne zaman?...

Hayatınız her zaman mücadelelerle dolu olacaktır.

En iyisi bunu kabul ederek, her ne olursa olsun mutlu olmaya karar vermektir.

En sevdiğim sözlerden biri Alfred D. Souza'ya aittir.

Der ki:

"Uzun zamandan beridir hayatın -gerçek hayatın- başlamak üzere olduğu izlenimine kapılmıştım. Fakat her zaman yolumun üzerinde bir engel, öncelikle erişilmesi gereken bir şey, bitmemiş bir iş, hâlâ hizmet edilecek zaman, ödenecek bir borç oldu. Sonra hayat başlayacaktı. Sonunda anladım ki, bu engeller benim hayatımdı. Bu görüş açısı, bana mutluluğa giden bir yol olmadığını gösterdi."

Mutluluk yoldur; öyleyse sahip olduğunuz her anın kıymetini bilin ve mutluluğu, vaktinizi harcayacak kadar özel biriyle paylaştığınız için, ona daha fazla değer verin. Unutmayın, zaman hiç kimse için beklemez.

Öyleyse:

Okulu bitirene kadar;

Milyarlar kazanana kadar;

Çocuklarınız olana kadar;

Çocuklarınız evden ayrılana kadar;

İşe başlayana kadar;

Evlenene kadar;

Cuma gecesine kadar;

Pazar sabahına kadar;

Yeni bir araba ya da ev alana kadar;

Borçları ödeyene kadar;

İlkbahara kadar;

Yaza kadar;

Sonbahara kadar;

Kışa kadar;

Maaş gününe kadar;

Şarkınız söylenene kadar;

Emekli olana kadar;

Ölene kadar...

Mutlu olmak için içinde bulunduğunuz "an"dan daha iyi bir zaman olduğuna karar vermek için beklemekten vazgeçin.

Mutluluk bir varış değil, bir yolculuktur.

Pek çokları mutluluğu insandan daha yüksekte ararlar; bazıları da daha alçakta. Oysa mutluluk insanın boyu hizasındadır."

Her Şey Yeterli Olsun

Geçtiğimiz günlerde, hava alanında bir baba ile kızının son dakikalarda aralarında geçen konuşmaya kulak misafiri oldum. Kızın bineceği uçağın kalkmak üzere olduğu anons edilmişti. Güvenlik kapısının yanında duruyorlardı. Birbirlerine sarıldılar ve baba kızına "Seni seviyorum kızım. Hayatında her şey yeterli olsun," dedi.

Kız ise "Baba, birlikte geçirdiğimiz günler fazlasıyla güzeldi. Sevgin, ihtiyacım olan tek şey. Ben de senin için her şeyin yeterli olmasını diliyorum," diye karşılık verdi. Birbirlerini öptüler ve kız ayrıldı.

Baba, yanında oturduğum pencereye doğru yürüdü; ağlamak istediğini ve buna ihtiyacı olduğunu görebiliyordum. "Birine sonsuza kadar ayrı kalacağınızı bile bile hoşça kal dediniz mi hiç?" diye sorarak adetâ beni sohbete davet etti. "Evet," diye yanıtladım. Bunu söylemek beni anılara, benim için yaptıklarından ötürü babama duyduğum sevgiyi ve minneti ifade etmeye çalıştığım anlara götürdü.

Zamanının sınırlı olduğunu bildiğimden, benim için ne kadar önemli olduğunu yüzüne söylemek için özel zaman ayırmıştım. Dolayısıyla, bu adamın neler hissettiğini anlıyordum.

"Sorduğum için bağışlayın ama neden bu sonsuza kadar sürecek bir veda?" diye sordum. "Ben yaşlıyım; o da çok uzakta yaşıyor. Önümde bazı ciddî mücadeleler var. Gerçek şu ki, onun buraya bir sonraki gelişi cenazem için olacak," dedi.

"Veda ederken 'Her şey yeterli olsun' dediğinizi duydum. Bunun ne anlama geldiğini sorabilir miyim?" dedim. Gülümsemeye başladı. "Eski nesillerden kalma bir dilek. Annem ve babam, bunu herkese söylerlerdi." diye yanıtladı.

Bir an duraksadı; sanki daha detaylı olarak hatırlamak istermiş gibi baktı; kocaman gülümsedi.

Her şey yeterli olsun' dediğimizde, karşımızdaki kişinin onu ayakta tutmaya yetecek kadar güzelliklerle dolu bir yaşam sürmesini dileriz, diye devam etti ve bana dönerek şu dizeleri ezbere okudu:

"Aydınlık bir bakış açısına sahip olmana yetecek kadar güneş diliyorum.

Güneşi daha çok sevmene yetecek kadar yağmur diliyorum.

Ruhunu canlı tutmaya yetecek kadar mutluluk diliyorum.

Yaşamdaki en küçük zevklerin daha büyükmüş gibi algılanmasına yetecek kadar acı diliyorum.

İsteklerini tatmin etmeye yetecek kadar kazanç diliyorum.

Sahip olduğun her şeyi takdir etmene yetecek kadar kayıp diliyorum.

Son 'Elveda'yı atlatmana yetecek kadar 'Merhaba' diliyorum..."

Sonra hıçkıra hıçkıra ağlamaya başladı ve yürüdü gitti.

Gerçek Sevgi

Küçük bir çocuk okyanus kıyısında babasıyla birlikte yürüyordu. Birden babasına döndü ve "Babacım biraz deniz kıyısında oynayabilir miyim?" diye sordu. Babası:

"Peki oğlum ama lütfen yanımdan çok fazla uzağa gitme!" diye cevap verdi.

Küçük çocuk babasına söz verdi ama babası arkasını döner dönmez hemen birkaç adım daha fazla attı. Artık okyanusun dalgalarının onun küçük ayak parmaklarını yalıyordu. Bu çocuğun çok hoşuna gitti ve "Bu dalga köpüklerinin biraz daha içine yürürsem babam nereden bilecek ki!" diye geçirdi.

Babası o anda panikledi ve "Oğlum dikkat et, ne söz vermiştin bana az önce!" diye bağırdı.

Fakat çocuk sevinç içinde oynamasına devam ediyordu.

"Hayır baba, burası çok eğlenceli, şu anda sana ihtiyacım yok!" diye yanıt verdi.

Babası bu durumda sessiz kalmaya karar verdi. İnsanın bazen öğrenmek için derslere ihtiyacı vardı.

Fakat o anda çocuk dalgaların daha da içine doğru gitmeye

başladı; dalgalar artık beline kadar gelmişti. Baba yüreği buna daha fazla dayanamadı ve tekrar seslendi.

"Oğlum çabuk buraya dön, gidiyoruz artık."

"Daha değil!" diye yanıt verdi oğlu." Burada çok eğleniyorum!"

Adam oğlunu dışarı çıkmaya ikna edemeyince, sahilde yürümeye başladı. Böylece geride kalacağını anlayan oğlunun dışarıya çıkıp kendisini izlemesini sağlayacaktı.

Tam o sırada çok büyük bir dalga çocuğun üzerine doğru geldi ve çocuk boğazına kadar sulara gömüldü. Denizin içinden çıkamıyordu. Köpüren deniz çocuğun dengesini bozmuştu ve âdeta çocuğu yutmaya hazırlanıyordu .

Çocuk sulardan başka hiç bir şey göremiyordu.

Bir yandan dalgalardan ve boyunu aşan sulardan kurtulmaya çalışırken acı dolu bir sesle çığlıklar atıyordu.

"Babacığım yardımına ihtiyacım var!"

İşte tam o anda sıcak bir el ona doğru uzandı ve azgın dalgaların arasından çocuğu kurtardı. Çocuğun gözleri yaşla dolmuştu.

"Babacığım bir an beni terkettin sandım."

Adam gülümsedi. "Seni asla terk edemeyecek kadar çok seviyorum oğlum," dedi. "Sadece beni çağırmanı bekliyordum."

* * *

"Gerçek sevgi, en zor durumda olduğumuz anda hemen yanıbaşımızda hissettiğimiz nefestir."

Büyük Bilim Adamı Nasıl Yetişti?

Geçenlerde Stephen Glenn'den ünlü bir araştırmacı bilim adamı hakkında bir öykü dinledim. Bu bilim adamının tıp konusunda yeni ve çok önemli buluşları olmuştu. Bir gazete muhabiri röportaj yaparken kendisine, ortalama bir insandan nasıl olup da daha farklı ve yaratıcı bir insan olduğunu, kendisini diğerlerinden ayıran özelliğin ne olduğunu sormuş.

Bilim adamı bu soruyu "İki yaşındayken annesiyle yaşadığı bir deneyim nedeniyle" diye yanıtlamış. Bilim adamı buzdolabından süt şişesini çıkartmaya çalışırken, şişe elinden kayıp yere düşmüş ve ortalık süt gölüne dönmüş.

Annesi mutfağa geldiğinde ona bağırmak, söylenmek ya da cezalandırmak yerine "Robert, ne kadar güzel bir hata yaptın! Daha önce bu kadar büyük bir süt gölü görmemiştim. Evet, olan olmuş artık. Şimdi birlikte burayı temizlemeden önce biraz yerdeki sütle oynamak ister misin?" demiş.

O da yere dökülen sütle oynamış. Birkaç dakika sonra annesi "Robert, böyle bir şey yaptığında bunu senin temizlemen ve herşeyi eski hâline getirmen gerektiğini biliyor musun? Bunu nasıl yapmak istersin. Bir sünger mi kullanalım yoksa bir havlu ya da bir bez mi? Hangisini istersin?'' demiş. Robert süngeri seçmiş ve birlikte yere dökülen sütü temizlemişler.

Daha sonra annesi ''Biliyor musun, burada yaşadığımız olay, senin iki minik elinle bir süt şişesini taşıyamadığın kötü bir deneyimdi. Şimdi arka bahçeye çıkalım ve şişeyi suyla doldurup senin dolu bir şişeyi düşürmeden taşımanı sağlayalım!'' demiş. Küçük çocuk şişeyi boğazından iki eliyle tutarsa, düşürmeden taşıyabileceğini öğrenmiş.

Bu ünlü bilim adamı bu deneyimden sonra bir hata yaptığı zaman bundan korkmaması gerektiğini öğrenmiş. Yapılan hataların yeni bir şeyler öğrenmek için çok güzel fırsatlar olduğunu anlamış.

* * *

İşte, bilimsel araştırmalardaki deneyler de bu temele dayanır. Bir deney başarısız olsa bile, o deneyden çok değerli bilgiler elde edilir.

Bütün anne ve babalar çocuklarına annesinin Robert'a davrandığı gibi davransalar çok daha iyi olmaz mı?

Seçim Sizin

Fransa'da, ağır işçilerin işleri hakkında ne düşündüklerini incelemek üzere araştırma yürüten bir görevli, bir inşaat alanına gönderilir.

Görevli, ilk işçiye yaklaşır ve sorar:

"Ne yapıyorsun?"

"Nesin sen, kör mü?" diye öfkeyle bağırır işçi. "Bu parçalanması imkansız kayaları ilkel aletlerle kırıyor ve patronun emrettiği gibi bir araya yığıyorum. Cehennem sıcağında kan ter içinde kalıyorum. Bu çok ağır bir iş, ölümden beter!"

Görevli hızla oradan uzaklaşır ve çekinerek ikinci işçiye yaklaşır.

Aynı soruyu sorar:

"Ne yapıyorsun?"

İşçi cevap verir:

"Kayaları mimari plana uygun şekilde yerleştirilebilmeleri için kullanılabilir şekle getirmeye çalışıyorum. Bu ağır ve bazen de monoton bir iş; ama karım ve çocuklarım için para gerekli. Sonuçta bir işim var. Daha kötüsü de olabilirdi!"

Biraz cesaretlenen görevli üçüncü işçiye doğru ilerler.

"Ya sen ne yapıyorsun?" diye sorar.

"Görmüyor musun?" der işçi, kollarını gökyüzüne kaldırarak. "Bir katedral yapıyorum..."

Bu hikâyenin enteresan tarafı, her üç işçinin de aynı işi yapıyor olmaları...

Görmeyi seçtiğiniz yol sizin tutumunuza bağlıdır.

Bugün hava biraz bulutlu mu yoksa biraz güneşli mi?

Güllerin dikeni mi vardır, yoksa dikenli dalların gülleri mi?

Bardağın yarısı boş mudur, yoksa yarısı dolu mu?

Yoksa bardak olması gerekenin iki katı büyüklükte midir?

Seçim size ait...

Barış

Birinci barış, en önemli barıştır: İnsan ruhundadır o. İnsan, kâinatla ve kâinatın bütün güçleriyle olan ilişkisini, beraberliğini fark ettiğinde, kâinatin merkezinde Wakan Tanka'nın (Yaradan'ın) durduğunu ve bu merkezin her yerde, herbirimizin içinde olduğunu anladığında birinci barış sağlanmıştır. Bu gerçek barıştır; diğerleri sadece bunun akisleridir.

İkinci barış, iki insan arasında olan barıştır.

Üçüncü barış ise iki millet arasında yapılır.

Fakat hepsinden önce, anlamalısınız ki, "Gerçek barış" dediğim birinci barıştır. İnsanın ruhundaki barış yoksa, ne insanlar ne de milletler arasında barış olabilir.

Ümit

Küçük çocuk deniz kenarında gördüğü yassı bir taşın güzelliğine hayran olmuştu. Ona göre mutlaka bir mücevherdi bulduğu. Şekli bir insan kalbi gibiydi. Üstelik de parıl parıl parlamaktaydı.

Çocuk taşı avuçlayıp evine koştu ve onu büyük bir heyecanla babasına uzattı. Adam, oğlunun soğuktan morarmış avucundaki taşın, birbirine sürtüldüğünde kıvılcım çıkartan bir çakmak taşı olduğunu hemen anladı ama bunu ona söyleyemedi.

Küçük çocuk rüyalarını süsleyen bisiklete kavuşmak için elindeki taşı satmak istiyor ve o paranın bir bölümüyle bir de top alacağına inanıyordu; fakat babası buna yanaşmıyordu. Çocuk işin kendisine düştüğünü anladığında, tatilde simit sattığı çarşıya gitti. Kuyumcu vitrinleri, göz kamaştıran ışıkların aydınlattığı altın kolyelerle doluydu; bir de elindeki taşın çok daha küçük olanlarıyla süslenen pahalı yüzüklerle.

Çocuk en gösterişli mağazayı gözüne kestirdikten sonra, bir

süre vitrin önünde bekledi. İçeride dükkân sahibi olduğu anlaşılan bir adam vardı; müşteri olarak da kürk mantolu bir hanım.

Küçük çocuk biraz sonra içeri girdi ve cebinden çıkardığı taşı dükkân sahibine uzatarak:

"Bu pırlantayı deniz kenarında buldum efendim!" dedi. "Eğer isterseniz size satarım."

Adam taşa uzaktan bir göz atarak:

"O sadece basit bir çakmak taşı," dedi. "Bütün sahil o taşlarla doludur."

"Hayır," diye atıldı küçük çocuk. "İsterseniz ıslatın. Ne kadar parladığını göreceksiniz!"

Dükkân sahibi, zengin müşterisini kaçırmaktan korkuyor ve çocuğu kolundan tutup atmayı planlıyordu. Kadın onun niyetini sezmişti. Çocuğun taşına yakından bakıp:

"Tam istediğim şey!" diye gülümsedi. "Onu bana satar mısın?"

Küçük çocuk, taşının gerçek değerini anlayan biriyle karşılaşmış olmaktan son derece mutluydu. Kadının cebine doldurduğu paralar ise aklını başından almıştı. Defalarca teşekkür ettikten sonra koşarak uzaklaştı.

Kadın elindeki taşı kuyumcuya vererek ona bir zincir takmasını istedi.

Belli ki mücevher gibi taşıyacaktı.

Dükkân sahibi, yapmış olduğu ikazı anlamadığı için kadının aldandığını düşünüyordu. Bu yüzden de:

"Söylemiştim ama tekrar edeyim!" dedi. "Satın aldığınız şey basit bir taştır."

Kadın önce pırlanta kolyesine, daha sonra da yüzüğüne bakarak:

"Zannetmiyorum!" dedi. "Bu taş bence diğerlerinden çok değerli. Çünkü küçük bir çocuğun ümidini taşıyor."

Mutluluk Düğümleri

Öykü, yüzyıllar önce gözlemlenen bir olayı nakletmektedir:

Bir keşiş araştırma yapmak için bir köye gitmişti. Önce o köyün mezarlığına girdi; çünkü kültürlerin, yaşam felsefesinin böyle yerlerde gizli olduğuna inanıyordu.

Gözleri birden mezar taşlarının üzerindeki rakamlara takıldı.

Mezar taşlarında 5, 867, 900, 20003, 4979, 7, 421 gibi birbiriyle hiç bağlantısı olmayan rakamlar vardı.

Uzun uzun düşündü; fakat bu rakamların anlamını çözemedi.

Köyün en bilge kişisine gitti ve ona sordu:

"Nedir bu rakamlar Tanrı aşkına? Bu rakamların gösterdikleri ay mıdır, yıl mıdır, saat midir?"

Bilge kişi gülümseyerek yanıtladı:

"Bizler, bebeklerimiz doğduğu zaman bellerine bir ip bağlarız. Yaşamı boyunca her güldüğü an, o ipe bir düğüm atarız. Öldükten sonra ise bellerindeki düğümleri sayar, düğümün sayısını mezar taşına yazarız."

Bilge kişi, karşısındaki keşişin birşey anlamadığını görünce açıklamasını sürdürdü:

"Böylece onun ne kadar 'yaşamış' olduğunu anlarız!"

Resim

Bir zamanlar çok büyük bir ressam varmış. Eserleri herkes tarafından beğenilirmiş. Ülkenin kralı bile onu onur madalyası ile ödüllendirmiş. Ona Hintçe'de renklerin ustası anlamına gelen "Ranga Charya" adı verilmiş. Hayranlarıysa ona kısaca "Ranga Guruji" derlermiş.

Ranga, yıllar içinde, alanındaki ustalığını kanıtlarcasına kendine özgü bir renk stili geliştirmiş. Çok çalışması, yorumu ve konuya kendini vermesi, kendinden sonra gelenlerin takip etmesi için örnek olmuş.

Bir sanat okulu açmış ve orada öğrencilerine sanatın inceliklerini öğretmeye başlamış. Belli bir müfredatı ve süresi yokmuş okulun. Öğrencinin yeteneğinden ve bilgisinden kendisi tatmin olduktan sonra onu sanat dünyasına takdim etmesi okulun özelliğiymiş.

Ranga, kendince bir "Öğrenci Değerlendirme" yöntemi geliştirmişti. Bu, onun çalışma yöntemi gibi dünyada eşi olmayan bir yöntemdi.

Okulunda bir öğrenci olan Rajeev çok aceleciydi. Allah vergisi bir yeteneğe sahipti ve Ranga'nın aradığı özellikler doğrultusunda, diğer öğrencilerden çok daha hızlı başarı gösteriyordu.

Ranga ondaki bu gelişmeden çok memnundu. Rajeev çok övgü ve teşvik aldığından, merakla Ranja Guruji'nin onu artık bir ressam olarak ilan edeceği ve hayatının bu şekilde devam etmeye başlayacağı günü bekliyordu.

Bir gün çok kibar bir şekilde Ranga Guruji'ye uzmanlık sınavını ne zaman alacağını sordu. Ranga gülümsedi ve dedi ki: "Rajeev, sen benim gelecek vaad eden öğrencilerimden birisin. Çok kısa sürede sanatın inceliklerini öğrendin. Sanırım şimdi uzmanlık sınavının zamanı geldi."

Rajeev mutluluğunu ve heyecanını saklamakta zorlanıyordu. "Sınav konumun ne olduğunu söyler misiniz Guruji?"

Ranga: "Rajeev, bir resim yapmanı istiyorum; bu senin en iyi resmin olmalı ve herkes hayran kalmalı. Şimdi acele etme ve hayatının şaheserini yap." dedi.

Rajeev gece gündüz çalıştı; en güzel resmini yaptı ve Ranga Guruji'ye getirdi.

Ranga: "Şimdi bunu şehrin meydanında halkın beğenisine sun. İnsanların senin eserini görmelerine izin ver. Resmin altına büyük ve koyu harflerle, bu resmin halkın değerlendirmesi için oraya konulduğunu ve resimdeki hataların izleyenler tarafından resmin üzerine bir X çizerek belirtilmesini yaz." dedi.

Rajeev, Ranga'nın dediklerini yaptı. Resmi şehrin en merkezi yerine koydu. Birkaç gün sonra Ranga gidip onu getirmesini söyledi.

Rajeev meydana giderken çok heyecanlıydı. Ancak oraya vardığında çok büyük bir hayal kırıklığına uğradı. Tüm resim baştan aşağı X işaretleriyle doluydu. Başarısızlığı böylece anlaşılmıştı. Büyük bir kalp kırıklığıyla resmi Guru'ya gösterdi.

Ranga asla umutsuzluğa kapılmamasını ve yeniden bir resim yapmasını tavsiye etti.

Rajeev yeni bir sanat şaheseri daha yaptı. Ranga daha önce söylediği şeyleri tekrarladı. Ancak en son satırda değişiklik yaparak, bu kez Rajeev'e resmin yanına boya ve fırça da koymasını söyledi. Resmin altına yazdığı mesajda izleyicilerin hataları bulması ve resmin yanında bulunan malzemeleri kullanarak düzeltmeleri istenmişti. Birkaç gün sonra Rajeev resmi almaya gittiğinde şaşırdı. Çünkü resmin üzerinde hiçbir işaret olmadığı gibi yanına konulmuş olan malzemelere de hiç dokunulmamıştı.

Rajeev resmi Guru'suna sunarken çok mutlu olmuş ve kendine karşı güvenle dolmuştu.

Ranga yine gülümsedi ve "Rajeev bugün öğrenmiş olduğun bu dersle birlikte artık senin eğitimin tamamlandı. Sevgili oğlum, eğer bu dalda mükemmellik ve yücelik istiyorsan sadece sanatta ustalaşmış olman yetmez. İnsanların, eline fırsat verildiğinde hiçbir şey bilmedikleri bir konuda bile eleştirip, değerlendirme eğiliminde olduklarını da öğrenmen gerekir. Eğer dünyayı seni yargılayacak kişi olarak kabul edersen hep hayal kırıklığına uğrarsın. İnsanlar hiçbir bilgisi ve ciddiyeti olamadan yargılamalarda bulunur ve birbirlerine fikirlerini söylerler. Senin ilk resmini X lerle doldurdular; çünkü onları engelleyecek hiçbir risk yoktu ve çoğunun bu konuda hiçbir yeteneği, bilgisi de yoktu. Fakat onlara sunulan bu fırsatı memnuniyetle değerlendirdiler. Ancak aynı insanlardan, hataları bulup düzeltmeleri istendiğinde hiç biri bunu yapmadı. Çünkü bu kez onların bilgisi ve yeteneği risk altındaydı; bu konudaki eksikliklerini göstermekten çekindiler. Uzak durmayı tercih ettiler."

Ranga devam etti: "Böylece sevgili oğlum, senin çalışman, senin yeteneklerin, senin bilgin, senin sanat alanındaki çabaların, senin çok çalışmanın ve içten uğraşılarının değerli bir ürünüdür. Bunu dünyaya bedava sunma. O zaman çalışman ilk resminin uğradığı sonuca uğrar. Kendinin yargıcı ol ve değerini kendin belirle ama bunu adalet ve eşitlik ilkeleriyle yap. Böyle davrandığında seni temin ederim ki, asla ne kendin ne de eserinle hayal kırıklığına uğrarsın. Son olarak bir de bu; başkalarının eserlerini de senin değerlendirme hakkın olmadığı anlamına gelir. Tanrı seni korusun Oğlum!"

Rajeev'in gözlerinde mutluluk dolu yaşlar vardı. Kalbinin derinliklerindeyse, eğer bu son dersi almasaydı eğitiminin eksik olacağının bilgisi saklıydı.

İnsan, Kalbiyle Duyar

Bir gün New York'ta bir grup iş arkadaşı yemek molasında dışarıya çıkarlar. Gruptan biri Kızılderilidir. Yolda insan kalabalığı, siren sesleri, yolda çalışma yapan işçilerin, araçlarının çıkardığı gürültü ve araçların korna sesleri arasında ilerlerken, Kızılderili kulağına cırcır böceği sesinin geldiğini söyler ve etrafına bakınmaya başlar. Arkadaşları bu gürültü arasında bu sesi duyamayacağını, kendisinin öyle zannettiğini söyleyip yollarına devam ederler.

Aralarından bir tanesi inanmasa da onunla birlikte aramaya devam eder. Kızılderili caddenin karşısına doğru yürür; arkadaşı da arkasından takip eder ve binaların arasında bir kaç tutam yeşilliğin arasında gerçekten bir cırcır böceği bulurlar.

Arkadaşı, Kızılderiliye "Senin insanüstü güçlerin var! Bu sesi nasıl duydun?" diye sorar.

Kızılderili ise bu sesi duymak için insanüstü güçlere sahip olmaya gerek olmadığını söyleyerek arkadaşına kendisini izlemesini söyler. Kaldırıma geri dönerler ve Kızılderili cebinden çıkardığı bozuk parayı kaldırıma yuvarlayarak atar. Bir çok insan bozuk para sesinin ceplerinden düşen bir para olduğunu düşünerek sesin geldiği yöne doğru bakar, aranmaya başlar.

Kızılderili arkadaşına dönerek "Gördün mü?" der. Önemli olan nelere değer verdiğin ve neleri önemsediğine bağlıdır. Herşeyi ona göre duyar, görür ve hissedersin."

Shakespeare'den

İnsanların çoğu kaybetmekten korktuğu için, sevmekten korkuyor.

Sevilmekten korkuyor, kendisini sevilmeye layık görmediği için.

Düşünmekten korkuyor, sorumluluk getireceği için.

Konuşmaktan korkuyor, eleştirilmekten korktuğu için.

Duygularını ifade etmekten korkuyor, reddedilmekten korktuğu için.

Yaşlanmaktan korkuyor, gençliğinin kıymetini bilmediği için.

Unutulmaktan korkuyor, dünyaya iyi birşey vermediği için.

Ve aslında ölmekten korkuyor, yaşamayı bilmediği için.

Fırsatlar ve Doğruluk

On bir yaşındaydı ve New Hampshire gölünün ortasındaki adadaki evlerinde ne zaman eline bir fırsat geçse hemen balığa giderdi.

Levrek avı yasağının kalkmasından bir gün önce, babasıyla akşamın ilk saatlerinde küçük güneş balıklarından yakaladı. Sonra oltasına yem takıp, oltayı fırlatma talimi yaptı. Yem suya değdiği zaman gün batımında suda altın haleleler oluşturmuş, daha sonra gölün üzerinde ay doğmuştu.

Oltasının hızla çekildiğini hissedince, oltaya büyük bir balık geldiğini anladı. Babası oğlunun balığı çekişini hayranlıkla izledi.

Çocuk sonunda yorgun düşen balığı sudan çıkardı. O güne kadar gördüğü en büyük balıktı; av yasağının kalkmasına sayılı saatler kala yakalanmış bir levrekti.

Baba ve oğul güzelim balığa baktılar; pulları ay ışığında ışıl ışıl parlıyordu. Babası bir kibrit yakıp saatine baktı. Saat on olmuştu. Av yasağının bitmesine daha iki saat vardı. Önce balığa, sonra oğluna baktı.

"Suya geri bırakman gerekiyor oğlum," dedi.

"Baba!" diye itiraz etti çocuk ağlamaklı bir sesle.

"Başka balıklar da var," dedi babası.

"Ama hiçbiri bunun kadar büyük değil," dedi çocuk.

Göle şöyle bir göz attı. Gölde hiçbir balıkçı teknesi yoktu. Babasının yüzüne baktı bu kez. Kendilerini hiç kimsenin görmemiş olmasına, kimsenin ne balığı yakaladıklarını bilmesinin olanaksız olmasına karşın, babasının sesinden bu konuda hiçbir ödün vermeyeceğini anlamıştı. Oltanın ucunu balığın ağzından çekti ve balığı gölün karanlık sularına bıraktı. Balık suya düşer düşmez, şöyle bir çırpındı ve gözden kayboldu. Çocuk bir daha bu kadar büyük bir balık tutamayacağından emindi.

Bu olay bundan tam otuz dört yıl önce oldu. Bugün o çocuk New York City'nin ünlü mimarlarındandır.

Babasının küçük evi hâlâ o adadadır. Oğlunu ve kızlarını hâlâ o adadaki küçük eve balık tutmaya götürür.

Çocuk haklıydı; bir daha o kadar büyük bir balık tutamadı. Fakat değerler konusunda bir ikilem yaşadığı zaman hep o balığı gözünün önüne getirdi.

Babasından öğrendiği gibi, değerler, doğru ile yanlışın ne olduğu konusunda çok basit bir konudur. Güç olan yalnızca değerlerin uygulanabilmesidir. Birileri görmediği zaman da doğru olanı yapabiliyor muyuz?

Evet, küçüklüğümüzde bizlere balığı suya geri bırakmak öğretilseydi, doğru olanı yapabilirdik. Çünkü gerçeğin ve doğrunun ne olduğunu öğrenmiş olurduk.

Doğru olanı yapma kararı belleklerimizdeki canlılığını hiçbir zaman yitirmez. Bu anıyı dostlarımıza ve torunlarımıza göğsümüz kabara kabara anlatırız.

Fırsatlardan yararlanmak değil, doğru olanı yapmaktır önemli olan...

Her İnsanın Hikâyesi

Bir bilge, bir göletin başında oturmaktadır.

Susuzluktan kırılan bir köpeğin devamlı olarak gölete kadar gelip, tam su içecekken kaçması dikkatini çeker.

Dikkatle izler olayı... Köpek susamıştır ama gölete geldiğinde sudaki yansımasını görüp korkmaktadır. Bu yüzden de suyu içmeden kaçmaktadır. Sonunda köpek susuzluğa dayanamayıp kendini gölete atar ve kendi yansımasını görmediği için suyu içer. Bilge düşünür:

"Benim bundan öğrendiğim şu oldu: Bir insanın istekleri ile arasındaki engel, çoğu zaman kendi içinde büyüttüğü korkular ve kendi içinde büyüttüğü engellerdir. İnsan bunu aşarsa, istediklerini elde edebilir."

Fakat biraz daha düşününce aslında gerçek öğrendiği şeyin bundan farklı olduğunu görür. Asıl öğrendiği şey, insanın bir bilge bile olsa bir köpekten öğrenebileceği bilginin var olduğudur.

* * *

Ne biliyorsan insanlarla paylaş; senden de öğrenilecek bir şeyler vardır diğer insanlar için. Çünkü, her insanın bir hikâyesi ve söyleyecek bir sözü mutlaka vardır...

İşini Bilmenin Bedeli

Bir fabrikada, imalat hattındaki çok önemli ana makinalardan biri arızalanınca fabrikadaki tüm üretim durdu.

Mevcut teknisyenler makineyi çalıştırmak için çok uğraştılar; ancak ne yaptılarsa bir türlü çalıştırmayı başaramadılar. Sonunda dışarıdan uzman çağırdılar.

Uzman gelip makineyi inceledi. Durumuna baktı. Sonra çantasından bir çekiç çıkardı. Elinde çekiçle makineye yaklaştı. Makinenin belli bir noktasına elindeki çekiçle dikkatlice sert bir vuruş yaptı. Makine sanki hiçbir arızası olmamış gibi çalışmaya başladı. Fabrika tekrar üretime geçti.

Uzman fabrikadan ayrıldıktan iki gün sonra faturasını gönderdi:

"Hizmet bedeli karşılığı 1.000 USD (bin dolar)"

Fabrika müdürü faturaya çok kızdı. Tepesi attı. Bir çekiç darbesi için bin doları çok buldu. Uzmandan ayrıntılı fatura göndermesini istedi.

Uzmandan bir gün sonra aşağıdaki detaylı fatura geldi:

"Makineye çekiçle vurma bedeli...........1 dolar

Nereye vuracağını bilme bedeli..........999 dolar

Toplam.......................................1.000 dolar"

İki Keşiş

İki keşiş yolda giderlerken, bir su birikintisinden karşıya geçmek için bekleyen genç bir kadın görmüşler.

Keşişlerden biri, genç kadını taşıyarak suyun diğer yanına geçirmiş.

Yaklaşık bir mil sonra, arkadaşının davranışına çok şaşırmış ve kızmış olan keşiş şu yorumu yapmış:

"Biz bakiriz; bırak bir kadını taşıyıp karşıya geçirmek, kadınlara bakmamız bile yasak. Nasıl böyle bir şey yapabildin?"

Diğer keşiş cevap vermiş:

"Ben o genç kadını bir mil geride bıraktım. Sen neden hâlâ taşıyorsun?"

* * *

Sorunlarımızın, üzüntülerimizin ve hayal kırıklıklarımızın geçmişte kalmasına izin vermezsek, bunlar omuzlarımızdaki bir yük haline gelir. Ağırlıkları bizi gülmekten alıkoyar.

Eğer keyifli bir yaşam istiyorsak, içinde bulunduğumuz koşullarla uğraşıp durmaktan vazgeçmeli, yaşadıklarımızı kabullenmeyi öğrenmeliyiz. Değişmesini istediğimiz şeylerin üzerinde durmalı ve bunun için çaba sarfetmeliyiz. Fakat bunu yaparken olayların üzerinde çok fazla yoğunlaşıp, tüm gücümüzü bunun için harcamaya kalkarsak, çevremizde olup biten hiçbir şeyi göremez hâle geliriz.

Değnekten At

Bir gün, iki çocuklu bir aile gezintiye çıkarlar. Çocuklardan biri yorulur ve babasının kendisini kucağına almasını ister.

Baba da yorgun olduğunu söyler. Çocuk ağlamaya başlar. Baba bir tek kelime söylemeden ağaçtan bir dal keser, dalı bıçakla düzeltir ve oğluna verir "Al oğlum sana güzel bir at" der. Çocuk sevinçle ata biner ve sıçrayarak, ata vurarak evin yolunu tutar.

Baba, kendisine gülerek bakan kızına:

"İşte, hayat budur kızım" der. Bazen zihnen veya bedenen kendini çok yorgun hissedeceksin. İşte o zaman kendine değnekten bir at bul ve neş'e ile yoluna devam et. Bu at bir arkadaş, bir şarkı, bir şiir, bir çiçek, bir çocuğun tebessümü olabilir."

* * *

Etrafa bakıp da böyle bir atı arayan herkes bulabilir. Şunu daima hatırlayınız ki, hayatın ne kadar zor olduğunu düşünürseniz, hayat bir o kadar imkansızlaşır.

En Güzel Kalp

Genç bir adam kendi kalbinin yörenin en güzel kalbi olduğunu ilan etmişti. Onu görenler de bunu onaylamıştı. Birden kalabalığı tam ortadan yaran yaşlı bir adam genç adama doğru yürüdü ve "Senin kalbin benim ki kadar güzel değil!" dedi.

İşte tam o anda kalabalık ve genç adam, yaşlı adamın kalbine doğru baktılar. Çok hızlı çarpıyordu fakat içinde çok fazla yara ve zaten çok az kalan boşluklarda çentikler vardı; onların da üzeri keskin çentiklerle dolu idi. Yaşlı adamın yaşlı kalbinin çok acı çektiği belli oluyordu

İnsanlar şaşırmıştı; yaşlı adam nasıl bu kalbin en güzel kalp olduğunu söyleyebilirdi.

Genç adam gülerek "Şaka ediyor olmalısın!" dedi yaşlı adama. "Benim kalbim pürüzsüz mükemmellikte iken seninki gözyaşları ve acılardan oluşmuş yara izleri ile dolu!"

"Doğru!" diye yanıt verdi yaşlı adam:

"Senin kalbin mükemmel gözüküyor; fakat ben asla yaşlı kalbimi seninkiyle değişmem. O gördüğün her yara benim sevgimi verdiğim bir kişiyi gösteriyor. Onlara kalbimin bir parçasını seve seve verdim ve onlar da kendilerinden bir parçayı bana verdiler bu yüzden. Bu parçalar benim verdiğim parçalara bazen tam uymadılar ve üstünde ya da köşelerinde pürüzler oldu fakat ben onların her parçasını tek tek seviyorum; çünkü onların herbiri paylaşılan sevgileri, dostlukları bana hatırlatıyor. Bazen de sevgimin ve dostluklarımın karşılığını alamadım; o kalbimin içindeki yara dolu boşluklarda bu yüzden. Ucu kıvrık bıçak gibi ve oldukça da acı verir; fakat hâlâ boşturlar ve kalplerinde bana sevgi ve dostluklarını verebileceklerini böylece bu boşlukları doldurabileceklerini gösterir ve benim hâlâ o umutla yaşamamı sağlar. Şimdi söyle genç adam sence hangi kalp daha güzel?"

Genç adamın gözleri sevgi gözyaşlarıyla dolmuştu. Yaşlı adama doğru yürüdü ve kalbinden genç ve güzel bir parçayı dostça ona verdi. Yaşlı adamın kalbinde hâlâ birçok boşluk vardı. Yaşlı adam, genç adamın cömertçe verdiği kalbi dostlarının olduğu bölüme yerleştirdi, üzerine çentikler attı ve yerine bir güzel oturtu. Genç adam kendi kalbine doğru baktı artık eskisi kadar mükemmel ve pürüzsüz değildi; ta ki yaşlı adam ona kendi kalbinden eski fakat güzel bir parça verene kadar.

Sonunda genç adam ve oradaki kalabalık gerçek kalbin güzelliğini anlamıştı.

Kalbi güzelleştiren onunla paylaşılan sevgi ve dostluktu. İçinde sevgi barındırmayan ve taşımayan hiç bir kalp gerçekten güzel olmazdı.

Çocuk Ne Yaşıyorsa Onu Öğrenir

Eğer bir çocuk sürekli eleştirilmişse, kınamayı ve ayıplamayı öğrenir.

Eğer bir çocuk kin ortamında büyümüşse, kavga etmeyi öğrenir.

Eğer bir çocuk alay edilip aşağılanmışsa, sıkılıp, utanmayı öğrenir.

Eğer bir çocuk sürekli utanç duygusuyla eğitilmişse, kendini suçlamayı öğrenir.

Eğer bir çocuk hoşgörüyle yetiştirilmişse, sabırlı olmayı öğrenir.

Eğer bir çocuk desteklenip, yüreklendirilmişse, kendine güven duymayı öğrenir.

Eğer bir çocuk övülmüş ve beğenilmişse, takdir etmeyi öğrenir.

Tanrı'nın İnsana Verdikleri

Bir zamanlar bir tepenin üzerindeki villada bir erkek çocuk ya-şarmış. Çok da güzel bir yaşam sürermiş.

Köpekleri, atları, otomobilleri ve müziği severmiş.

Yüzmeye gider, futbol oynar, güzel kızlara bayılırmış.

Bir gün Tanrı'ya "Uzun uzun düşündüm büyüdüğüm zaman neler istediğimi buldum" demiş.

"Neler?" demiş Tanrı.

"Uçsuz bucaksız bir bahçe içinde, bir büyük evde yaşamak isterim. Ön kapısında heykeller olsun. Arka kapıda iki St. Bernard köpeği...

Uzun, çok güzel ve çok müşfik bir kadınla evlenmek isterim. Siyah saçlı, mavi gözlü, gitar çalan ve tatlı tatlı şarkılar söyleyen...

Üç güçlü oğlum olsun isterim ki, onlarla futbol oynayabileyim.

Büyüdüklerinde birisi büyük bir bilim adamı, öteki senatör, üçüncüsü de ünlü bir futbolcu olsun...

"Ben bir seyyah olayım. Okyanuslara yelken açayım, dağların zirvelerine tırmanayım, insanları kurtarayım...

Bir de kırmızı bir Ferrari arabam olsun ve son sürat kullanayım." demiş çocuk.

"Bunlar ne güzel hayaller!" demiş, Tanrı.

"Mutlu olmanı dilerim..."

Bir gün oğlan futbol oynarken ayağını incitmiş.

Ondan sonra değil dağlara, ağaçlara bile tırmanamaz olmuş.

Okyanuslara yelken açmak da hayal olmuş tabiî...

Bunun üzerine pazarlama okuyup, tıbbî malzemeler dağıtan bir şirket kurmuş.

Bir kızla evlenmiş, çok güzel ve çok müşfik. Fakat uzun değil kısaymış. Saçları siyahmış ama gözleri mavi değil ela imiş. Gitar çalamaz, şarkı söyleyemezmiş ama harika yemek pişirir, olağanüstü güzel kuş resimleri yaparmış.

İşi dolayısı ile kent dışında bir villada değil, kentte bir apartmanın teras katında oturmak zorunda kalmış; fakat evinin deniz manzarası gene harikaymış.

İki St. Bernard besleyecek bahçesi yokmuş ama evinde harika tüylü bir Ankara kedisi varmış.

Üç kızı olmuş.

En küçükleri tekerlekli sandalyede yaşamak zorundaymış ama en güzelleriymiş

Üç kız da babalarını çok severlermiş.

Onunla futbol oynayamazlarmış ama birlikte denize, parklara giderlermiş.

Uçurtma uçurdukları da olurmuş bazen.

En küçükleri hariç tabiî. O gölgede bir ağacın altında oturur, gitarı ile şarkılar söylermiş.

İyi para kazanmış ama öyle kırmızı bir Ferrarisi olmamış.

Bir sabah uykudan üzüntü içinde uyanmış ve en iyi arkadaşına koşmuş...

"Ben," demiş "hiç mutlu değilim..."

"Neden?" demiş, arkadaşı.

"Çocukken siyah saçlı, uzun boylu, mavi gözlü, gitar çalıp şarkı söyleyen bir kızla evlenmek isterdim. Oysa karım uzun değil, ela gözlü, gitar da çalamıyor."

"Karın çok güzel," demiş arkadaşı.

"Harika resimler yapıyor, enfes yemekler pişiriyor üstelik."

Adam dinlememiş bile onu.

Bir gün karısına "Hiç mutlu değilim!" diye dökmüş içini.

"Neden?" demiş karısı.

"Çünkü büyük bir bahçe içinde bir villada yaşamayı düşlerdim; oysa 47. katta bir apartman dairesine tıkıldım. İki St. Bernard'ın yaşayacağı bir bahçem olsun isterdim, hani nerede?..."

"Konforlu bir apartmanda yaşıyoruz," demiş karısı. "Oturduğumuz yerden okyanus görünüyor.Gülüyor, eğleniyor, birbirimizi seviyoruz. Kedimizi okşuyor, güzel kuşların resimlerini yapıyoruz. Üç de harika çocuğumuz var."

Adam dinlemiyormuş bile.

Ruh doktoruna koşmuş bir gün.

"Ben mutlu değilim!" diye.

"Neden?" demiş doktor.

"Çünkü ben bir gezgin olmak, okyanuslara açılmak, dağlara tırmanmak, insanları kurtarmak isterdim. Oysa masa başı işim ve sakat bir dizim var şimdi..."

"Ama sattığın tıbbi malzemeler yığınla hayat kurtarıyor," demiş doktor.

Adam dinlememiş bile. Doktor da ona 100 $ vizite yazıp yollamış.

Bir gün muhasebecisine "Ben çok mutsuzum!" demiş.

"Neden" demiş muhasebeci.

"Bir kırmızı Ferrarim olsun isterdim hep ve dünya umurumda olmasın. Oysa işe metro ile gidip geliyorum. Bir yığın da sorunlarım var."

"İyi giyiniyor, en iyi restoranlara gidiyorsun. Bütün Avrupa ve Amerika'yı gezdin!" demiş muhasebeci.

Ama adam dinlemiyormuş bile.

Muhasebeci adama 100 $ danışma ücreti fatura edip yollamış.

Onun da hayalinde kırmızı Ferrari varmış çünkü.

Adam, rahibe "Çok mutsuzum!" demiş.

"Neden?" demiş rahip.

"Üç oğlum olsun isterdim. Biri politikacı, biri bilim adamı, biri sporcu. Oysa üç kızım oldu. Birisi yürüyemiyor bile..."

"Ama çok güzel ve çok zeki üç kızın var," demiş, rahip. "Seni çok seviyorlar. Başarılı da oldular. Biri hemşire, biri sanatçı, biri de müzik hocası..."

Ama adam dinlemiyormuş bile.

Öyle mutsuzmuş ki, hasta olmuş sonunda.

Bir beyaz hastane odasında, etrafı beyaz giyinmiş hemşirelerle dolu yatıyormuş.

Vücuduna bağlı teller hastaneye kendi sattığı kalp cihazına gidiyor, kollarına bağlı serumlarla besleniyormuş.

Fena halde mutsuzmuş adam şimdi.

Ailesi, dostları ve rahip yatağının başına toplanmışlar. Onlar da üzüntü içindeymiş.

Mutlu olanlar sadece ruh doktoru ile muhasebecisi imiş.

Bir gece adam hastane odasında Tanrı ile yalnız kaldığında "Tanrım," demiş. "Hatırlar mısın, çocukken sana yalvarmış ve istediklerimi sıralamıştım."

"Hatırladım," demiş Tanrı. "Güzel bir hayaldi."

"Peki, niye onların hiç birini vermedin bana?" demiş, adam.

"Verebilirdim," demiş Tanrı. "Ama sana istemediğin şeyleri vererek bir sürpriz yapmak istedim. Bak neler verdim sana;

Güzel, sevecen eş, iyi bir iş ve yaşanacak güzel bir ev. Üç tane de tatlı kız evlat. Bir araya getirdiğim en güzel yaşam paketlerinden biriydi bu."

"Evet," demiş, adam. "Ama bana benim gerçekten istediklerimi vereceksin sandım."

"Ben de senin, benim gerçekten istediğimi vereceğini sandım," demiş Tanrı.

"Sen ne istedin ki?" demiş adam hayretle.

Tanrı'nın da bazı şeyler isteyeceğini hiç düşünmemiş hayatında.

"Sana verdiklerimle mutlu olmanı istemiştim," demiş Tanrı.

Adam, karanlık odasında sabaha kadar düşünmüş.

Sonunda yeni bir hayal kurmaya karar vermiş.

Yıllar önce kurduğu hayalin yerine "Keşke bunu hayal etseydim" dediği bir hayal...

Bu defaki hayalinde zaten sahip olduğu şeyler varmış hep.

Adam kısa zamanda iyileşmiş; 47. kattaki dairesinde çok mutlu yaşamış.

Kızların şen şakrak sesleri, eşinin derin ela gözleri ve harika kuş resimleri arasında mutlu olduğunu hissedermiş bütün gün.

Geceleri de okyanusa yansıyan kentin ışıklarının dalgalar üzerinde oynaşmasına bakar, gülümsermiş...

* * *

Sınır tanımadan büyük düşünmek ve hayal gücünü sonuna kadar zorlamak; ama elde ettikleriyle de mutlu olmayı bilebilmek...

Tanrı'nın insana verebileceği en büyük iki nimet bu olmalı...

Bakın bakalım, size neler vermiş Tanrı...

Gerçek Dostluklar Ne Zaman Belli Olur?

Mevlâna Hazretleri, müridlerinden biriyle giderken, birkaç köpeğin sarmaş dolaş uyuduklarını görür.

Müridi "Güzel bir kardeşlik örneği!" der. "Keşke insanlar da bundan ibret alsa!"

Mevlâna tebessüm ederek karşılık verir: "Aralarına bir kemik atıver de gör kardeşliklerini!"

* * *

Gerçek dostlar, ufak dünyevî hesaplar ve cüz'î menfaatlar için samimiyet ve kardeşliklerini bozmazlar.

Elma

Konfüçyus, bazı insanlara bir şey öğretmenin en iyi yolunun bunu örneklerle göstermek olduğunu biliyordu.

Bu yüzden sınıfın tam karşısına geçti.

Eline bir vazo aldı, tüm öğrencilerin görebileceği şekilde vazoyu havada tuttu.

Diğer elinde bir elma vardı.

Öğrencilerin meraklı bakışları arasında, elmayı vazonun içinde bıraktıktan sonra, vazoyu yere koydu ve şöyle dedi:

"Elmayı vazodan çıkarmayı başaran öğrenci, elmayı yiyebilir."

Çocuklardan biri acıkmıştı, ilk o davrandı ve elini vazonun dar ağzından içeri soktu.

Elmayı yakaladı, çıkarmaya çalışıyor ama başaramıyordu.

"Elimi çıkaramıyorum!"

Konfüçyus,

"Elmayı sıkı sıkı tutmaktan vazgeçmediğin sürece, elini çıkarman mümkün olmayacaktır," dedi.

Çocuk elmayı elinden bırakmak istemiyordu; ama sonunda zorunlu olarak bıraktı.

Elini vazodan çıkardığında, yüzünde şaşkınlık okunuyordu.

"Elmanın vazodan nasıl çıkarılabileceği konusunda sizin bir fikriniz var mı?" diye sordu.

Konfüçyus, vazoyu yerden alıp ters çevirdi.

Elma vazonun içinden yuvarlanıp avucunun içine düştü.

Çocukların hepsi gülmeye başladı.

Aslında o kadar basit bir şeydi ki bu!

Konfüçyus,

"Fakat bu, göründüğü kadar basit değil," dedi.

Elmayı havada tutuyordu konuşurken.

"Bazen bir şeyi gerektiğinde bırakabilmek, zor bir iştir. Onu bırakabilmek de bir beceridir. Eğer bir şeyi zorla tuttuğunuzda, ulaşmak istediğiniz şeyi engellediğini görüyorsanız, o zaman onu özgür bırakmalısınız. Eğer yanlış bir şey yapıyorsanız, o zaman buna son vermelisiniz. Eğer kendinize ve başkalarına karşı dürüst davranmıyorsanız, bu hilekarlığı hemen durdurmalısınız. İşte, ancak o zaman hedefinize ulaşabilirsiniz."

Her Sabah Bir Ceylan Uyanır Afrika'da

Her sabah bir ceylan uyanır Afrika'da.
Kafasında tek bir düşünce vardır.
En hızlı koşan aslandan daha hızlı koşabilmek.
Yoksa aslana yem olacaktır.
Her sabah bir aslan uyanır Afrika'da.
Kafasında tek bir düşünce vardır.
En yavaş koşan ceylandan daha hızlı koşabilmek.
Yoksa açlıktan ölecektir.

* * *

İster aslan olun, ister ceylan olun hiç önemi yok.

Yeter ki güneş doğduğunda koşuyor olmanız gerektiğini, hem de bir önceki günden daha hızlı koşuyor olmanız gerektiğini bilin.

Yaşam adlı koşuyu ne kadar güzel anlatmış Afrika atasözü; bir önceki günden daha hızlı koşmak gerekmektedir. Çünkü eğer aslansanız ve en yavaş koşan ceylanı bir önceki gün yakalamışsanız, bugün de bir ceylan yakalamak niyetindeyseniz, artık bilmelisiniz ki en yavaş ceylan sizden daha hızlıdır.

O halde düne göre hızınızı arttırmanız gerekmektedir.

Eğer ceylansanız ve henüz aslana yem olmamışsanız, hızınızı düne göre mutlaka arttırmalısınız; çünkü sıra size gelmiş olabilir.

Yani...

Hayat koşusunda devam edebilmenin tek koşulu var. Dünden daha hızlı olabilmek...

Şimdi kendinize bir bakın...

Ondan, şundan, bundan değil "dünden" hızlı mısınız?...

Dört Mum

Bir odada dört mum sessizce yanıyordu.

Odada o kadar derin bir sessizlik hüküm sürüyordu ki, aralarındaki fısıltı şeklindeki konuşmaları bile rahatlıkla işitiliyordu.

1. Mum "Ben BARIŞ'ım!" dedi.

"Ancak kimse benim sürekli yanık kalıp, etrafıma ışık saçabilmeme yardımcı olmuyor. Artık sönmek üzereyim..."

Ve sessizce karanlığa gömülüverir...

2. Mum "Ben GÜVEN 'im!" dedi.

"Ama artık gerekli olduğuma inanmıyorum.. Yanık kalmamın da bir kıymeti kalmadı," diye eklerken hafif bir esinti ışığını söndürüverir.

3. Mum çok üzgündür. "Ben SEVGİ'yim; ama etrafıma ışık verecek gücüm kalmadı. İnsanlar beni hep kenara itiyorlar. Kendilerine en yakın olanları bile sevmemeye başladılar."

Sessizce söner gider sevgi mumu...

O sırada içeri aniden bir çocuk girer. 3 mumun söndüğünü görünce sebebini sorar ve niçin sonuna kadar yanmadıklarına hayıflanarak ağlamaya başlar.

4. Mum, yumuşak ve yatıştırıcı sesi ile çocuğa ağlamamasını söyler. "Korkma ben etrafıma ışık saçtığım sürece diğerleri yeniden yanarlar ve onlar da aydınlatmaya devam ederler." der. "Zira ben UMUT'um!"

Gözleri parlayan çocuk umut mumunu alır ve diğerlerini sevgiyle teker teker yakar.

* * *

İçinizdeki umut mumunun saçtığı ışığı asla söndürmeyin. Küçük çocuk gibi diğer sönmek üzere olan üç mumun da sürekli yanık kalmaları için çaba harcayın...

Her zaman daha erdemli, sevgi dolu bir dünya yaratmak elimizde; yeterki iç ışığımızı besleyelim ve diğerlerini de canlı tutalım.

Seni Seviyorum

Genç kız feci bir hastalığın pençesinde kıvranıyordu. Yaralı kalbi artık bu dünyaya daha fazla dayanamamaya başlamıştı. Çok zengin olan ailesi tüm gazetelere, kalp nakli için ilan vermişlerdi. Canını feda edecek birini arıyorlardı. Genç kız ise her gün hastane odasında biraz daha solmaktaydı.

Yine yalnızdı odasında; gözü yaşlı, boynu bükük ölümü bekliyordu. Gözlerini kapadı; bu küçük odada gözyaşı dökmekten bıkmıştı. Yine de engel olamadı pınar gibi çağlayan gözyaşlarına. Sevdiği geldi aklına; fakir ama onu seven sevgilisi. Her gün aynı şeyleri düşünüyor, anıları bir film şeridi gibi gözünün önünden geçiyordu.

"Param yok ama sana verebileceğim sevgi dolu bir kalbim var!" demişti delikanlı. Genç kız ise zaten başka birşey istemiyordu. Sevgiye muhtaç biri, sevdiğinin sevgisinden başka ne isteyebilirdi ki! Ama olmamıştı...

İşte, dünyalar kadar olan sevgilerinin arasına, o lânet olasıca para girmeyi bilmiş, onları ayırmıştı. İşte paranın geçmediği zamanlara gelmişlerdi. Ne önemi vardı artık? Şu son günlerinde, sevdiği yanında olsa yeterdi.

Ayrılıklarından bu yana, bitmeyen, çile dolu beş yıl geçmişti. Her günü zehir, her günü hüsran... Ama genç kız hep sevgisini yüreğinde taşımış, kalbini kimseyle paylaşmamıştı. Sevdiğini düşündü işte o an. Acaba o neler yapmıştı bu kadar sene boyunca. Kimbilir kiminle evlenmiş, çoluk çocuğa karışmıştı. Gözlerinden bir damla yaş daha damladı kurumuş, bitmiş ellerine. Ellerine baktı; bir zamanlar ellerinin, onun ellerini tuttuğunu hayal edip, her gün saatlerce ellerini seyrederdi. En çokta saçlarının dökülmesine üzülüyordu. Çünkü sevdiği öpmüş, koklamıştı onları. Her bir tanesi koptuğunda, kalbine bir ok daha saplanıyordu. Kalbi yine sızlamaya başlamıştı. Belki sevdiği yanında olsa, kalbi bu kadar yorulup veda etmezdi yaşama. Zaten artık ölüm umrunda değildi genç kızın. Sevdiğinden ayrı yaşamanın ölümden ne farkı vardı ki! Tekrar o geldi aklına. "Keşke, keşke yanımda olsa!" dedi. Son bir kez elini tutsa yeterdi. Gözlerini son bir kez öpse, rahatça ebediyen gözlerini kapatabilirdi o zaman.

Gözleri pınar gibi çağlamaya başladı. Sevdiğini son bir kez göremeden ölmek istemiyordu. Ufak da olsa ondan bir hatırasını almadan bu dünyadan göçmek istemiyordu. Oysa sevdiği, kimbilir kiminle beraberdi. Kendi, sevgi evgi dolu kalbini kimseyle paylaşmayı düşünmemişti bile; ama acaba o paylaşmış mıydı? Onun sevgisini silmiş atmış mıydı acaba kalbinden? İçi birden nefretle doldu. Üstüne büyük bir ağırlık çöktü. Onu düşündükçe her dakikasının zehir olması artık çok daha ağır geliyordu genç kıza. Ölmek istedi...

Artık yaşamak istemiyordu bu dünyada. Ama sevdiğinden bir hatıra almadan ölmeyeceğine and içmişti. Tekrar gözlerini açtı. Kimbilir belki de sevdiği onu unutmuştu. Bu düşünceler içinde derinliğe daldı. Birden babası girdi odaya; kızına kalp nakli için bir gönüllü bulduklarını müjdeleyecekti. Fakat genç kız çoktan uykuya dalmıştı. Bir meleği andıran masum yüzü, sevdiğinin özleminden sırılsıklamdı.

O gece biri gözlerini dünyaya kapadı; genç kız ameliyata alındı. Tekleyen ve görevini yerine getirmeyen kalbi değiştirilmişti. Bir hafta sonra tekrar gözlerini açtı dünyaya genç kız. Ama dünya daha farklı geldi ona. Sanki bir şeyler eksikti. Aradan aylar geçmiş, genç kız artık iyice iyileşmişti. Ama içindeki burukluğu bir türlü atamıyordu. Sevdiği aklına gelince kalbi eskisinden daha çok sızlıyordu. Bir kere, bir kere görebilsem diye mırıldandı. Kalbi yine sızlamaya başlamıştı. Yeni kalbi onu iyileştirmişti ama nedense her gece aniden hızlanıyor, onu uykusundan uyandırıyor ve sanki yerinden çıkacakmış gibi atmaya başlıyordu. Genç kız bir anlam veremediği bu durumu doktora anlatmış ama ameliyat kolay geçmediğini, bir süre sonra düzeleceğini söylemişti doktor.

Aylar geçmişti ama hâlâ aynıydı durum. Çiçeklerinin yanına gitti. Her gün onlarla saatlerce dertleşiyor, zaman zaman ağlıyordu. En çokta kan kırmızısı gülünü seviyordu. Çünkü kırmızı gülün onun için yeri apayrıydı.

Kırmızı gül de genç kızla beraber gülüyor, onunla beraber ağlıyordu. Onu sevdiği gibi görüyordu genç kız. Gülünü sevdiğini ilk gördüğünde ona hediye edeceğine dair yemin etmişti. Başka türlü paylaşamazdı gülünü kimseyle.

Kapı çaldı aniden. Kapıyı açtı ama kimse yoktu. Gözü yerdeki beyaz zarfa ilişti. Yavaşça eğilip zarfı yerden aldı. Birden kalbi deli gibi atmaya başladı. Ne olduğunu anlayamıyordu. Zarfın üzerinde ne bir isim, ne bir adres vardı. Zarfı açtı, içinden beyaz bir kağıda yazılmış bir mektup çıktı. Kalbi daha hızlı atmaya başladı. Onun kokusu vardı kağıtta. Evet, onun kokusu vardı. Yıllar yılı özlemini çektiği, yanında olabilmek için canını bile verebileceği sevdiğinin kokusu vardı mektupta. Başı dönmeye başladı. Koltuğuna geçip oturdu yavaşça. Kağıdı açtı ve elleri titreyerek okumaya başladı:

Sevgilim, senden ayrıldıktan sonra, bir kalbe iki sevginin sığmayacağını bildiğimden dolayı, ne bir kimseyi sevebildim, ne de kimseye bakabildim. Her günüm diğerinden daha zor geçti; çünkü her gün özlemin daha da artıyordu. Sana kitapları dolduracak kadar şiirler yazdım. Her biri diğerinden daha da hüzünlüydü. Yazdım, okudum, ağladım. Her gün yazdım, her gün okudum, senelerce ağladım. Her gece seni düşündüm sabahlara kadar, her gece senin yanında olmayı istedim. Her gece sensizliğe lanet ettim, uykuları haram ettim kendime, sensiz olmanın acısını gözlerimden çıkardım. Bir gün her şeyi değiştirecek bir fırsat çıktı önüme. Bunu fırsatı değerlendirmeyip, kendime haksızlık edemezdim. Bu fırsatı değerlendirdim. Senden çok uzaklara gittim, belki seni unuturum diye. Ama tam tersi oldu. Seni daha çok özlüyorum artık. Senden çok uzaklardayım belki ama yine de seni görmek için uzaklardan gelebiliyorum. Hem de her gece. Seni seviyor, seyrediyor ve eğilip sen uyurken yanağına bir öpücük konduruyorum. Bazen gözlerini açıp bakıyorsun, geldiğimi bildiğini sanıyorum ama yine o tatlı uykuna geri dönüyorsun. Yarın birbirimizi sevmemizin altıncı senesi. Hep ben geldim şimdiye kadar senin yanına, yarın da sen gel olur mu sevgilim. Ha, unutmadan, sana hep sözünü ettiğim kalbime iyi bak olur mu? Çünkü gözyaşlarımla, adını yazdım ona. Seni senden bile çok seven bir sevgi var kalbinin içinde. Unutma, kırmızı gülü de unutma olur mu ?...

Seni Seviyorum... Yanıma gelinceye kadar da seveceğim...

SEVGİLİN

Acılarınızı Kuma, İyilikleri Taşa Yazmayı Öğrenin

Bu hikâye, iki arkadaşın çölde yaşadıklarını anlatır:

Yolculuğun bir noktasında münakaşa olur ve biri diğerine tokat atar. Tokadı yiyenin canı acır ama bir şey söylemeden kuma şöyle yazar: "BUGÜN EN iYi ARKADAŞIM BENi TOKATLADI"

Bir vahaya gelene kadar yürümeye devam ederler ve suya girmeye karar verirler. Tokadı yiyen bataklığa saplanır ve boğulmaya başlar ama arkadaşı kurtarır. Boğulmaktan kurtulan, kurtulduktan sonra bir taşa şöyle yazar : "BUGÜN EN iYi ARKADAŞIM HAYATIMI KURTARDI"

Tokadı atan ve hayat kurtaran sorar: "Canını acıttığımda kuma yazdın. Peki, neden şimdi taşa yazdın?" Diğeri cevaplar: "Birisi canımızı yaktığında kuma yazmalıyız ki, bağışlama rüzgârı onu silebilsin; biri bizim için iyi bir şey yaparsa da taşa kazımalıyız ki, hiç bir rüzgâr silemesin."

* * *

ACILARINIZI KUMA ve iYiLiKLERi TAŞA YAZMAYI ÖĞRENiN

Dostluklar

Uzak dostluklar vardır: Denizlerin ortasındaki bir ada ile dağların arasındaki bir göl, birbirinden uzak dostlardır...

Dostluklarını gündüz kuşlarla, gece yıldızlarla iletirler birbirlerine...

Sessiz dostluklar vardır: Dilsiz bir adamla, duymayan bir başka adamın elleri arasında sessiz bir dostluk oluşur...

Herşeyden konuşur bu sessiz eller...

Uzun dostluklar vardır: İkindi güneşinin altında uzayan gölgeler birbirlerine kavuşurlar ve uzun boylu bir dostluk oluşur aralarında...

Günün birinde ölen dostluklar vardır: Bir bahçe içindeki ahşap ev ile yanıbaşında duran ceviz ağacının dostluğu gibi...

Bir gün kocaman elli adamlar ve kocaman gövdeli makineler o bahçeye girip de, bir süre sonra evin ve ceviz ağacının yerinde asık suratlı binaların yükseldiği zaman ölen dostluklar...

Vakitsiz dostluklar vardır: Bir peçete, bir kağıt mendil vakitsizce dostu oluverir gözlerimizin...

Ya da ayrılırken verilen bir dal karanfil ellerimize o anda gelen dostluktur...

Bakımsız dostluklar vardır: Zaten var, zaten dostuz diyerek yıllarca bir telefonun, bir kaç cümlelik mektubun bile çok görüldüğü dostluklar...

Lincoln Center'da Bir Konser

(Bu makale Houston Chronicle'dan alınmıştır.
Yazarı Jack Riemer'dir.)

18 Kasım 1995 günü keman sanatçısı Itzhak Perlman, New York'ta, Lincoln Center'daki Avery Fisher Salonu'nda bir konser vermek üzere sahneye çıktı. Eğer herhangi bir Perlman konserinde bulunmuşsanız bilirsiniz ki, onun için "Sahneye çıkmak" hiç de küçümsenecek bir başarı değildir.

Çocukluk yıllarında çocuk felcine yakalanmış olan Perlman'ın her iki bacağında da destekleyici ateller vardır ve ancak kol değneği yardımıyla yürüyebilmektedir. Onu sahne üzerinde her defasında sadece bir adım atabilmek suretiyle acı içinde ve yavaş yavaş yürürken görmek unutulmayacak bir görüntüdür. Ağrılar içinde ama ihtişamla yürümektedir sandalyesine erişinceye kadar. Sonra oturur; yavaşça koltuk değneklerini yere koyar, bacaklarındaki tellerin klipslerini açar, bir ayağını geriye iter, ötekini öne uzatır.

Daha sonra yere eğilerek kemanını alır, çenesinin altına koyar, orkestra şefine başıyla işaret verir ve çalmaya başlar. Şu zamana değin, izleyiciler bu ritüele alışmışlardır. O, sahnenin bir ucundan sandalyesine doğru ilerlerken sessizce otururlar. Bacaklarındaki klipsleri açarken inanılmaz bir sessizlikle çalmaya hazır olana dek beklerler.

Ancak o konserde bir şeyler ters gider. Daha ilk birkaç mezürü çalmıştı ki kemanın tellerinden bir tanesi kopar.

Telin kopma sesini duyabilmek mümkündü; salonun bir ucuna tabancadan fırlayan kurşun gibi gitmişti ses. O sesin ne anlama geldiği konusunda yanılmak imkansızdı ve bunun akabinde ne yapılması gerektiği konusunda da...

O gece orda olan insanlar kendi kendilerine şöyle düşündüler:

"Anlamıştık ki, yeniden ayağa kalkması, telleri yeniden takması, koltuk değneklerini alması, yavaş yavaş sahne arkasına gitmesi veya yeni bir keman bulması ya da yeni bir tel takması gerekecekti."

Fakat o öyle yapmadı. Bunun yerine bir dakika kadar bekledi, gözlerini kapadı ve sonra şefe yeniden başlaması için işaret verdi. Orkestra başladı ve o kaldığı yerden devam etti. Daha evvel hiç görülmemiş bir tutku, güç ve saflıkla çaldı. Elbette herkes bilmektedir ki, senfonik bir eseri sadece 3 telle çalmak imkansızdır. Bunu ben de bilirim, sen de bilirsin, herkes bilir. Ancak o gece Itzhak Perlman bilmeyi reddetmişti.

Onu parçayı kafasında modüle ederken, değiştirirken ve yeniden bestelerken görebilirdiniz.

Telleri nerdeyse yeniden tonlamışcasına sesler çıkartmaktaydı kemandan, daha evvel hiç vermedikleri sesleri vermelerini sağlamak için...

Bitirdiğinde salonu olağanüstü bir sessizlik kapladı. Ardından seyirciler ayağa kalktı ve tezahürata başladılar. Oditoryumun her yanından inanılmaz bir alkış patladı. Hepimiz ayaktaydık; bağırıyor, ıslık çalıyor, alkışlıyor, yaptığını ne kadar takdir ettiğimizi, beğendiğimizi anlatacak her türlü hareketi yapıyorduk.

Gülümsedi, yüzünden akan terleri sildi, yayını kaldırarak bizi susturdu ve böbürlenerek değil ama sessiz, güçlü, dingin bir tonla şöyle dedi: "Bilirsiniz, sanatçının görevidir, elinde kalanlarla ne kadar daha müzik yapabileceğini bulmak..."

Bu ne güçlü bir cümledir. Duyduğumdan beri aklımdan çıkmıyor. Kim bilir, belki de bu bir yaşam tarzıdır; sadece sanatçılar için değil hepimiz için.

Burada, tüm yaşamını bir kemanın dört teli ile müzik yapmak üstüne kuran ve birdenbire, bir konserin ortasında kendini sadece üç tel ile bulan bir adam vardır. O da üç tel ile müzik yapmayı seçer ve o gece sadece üç telle yaptığı müzik, daha önce, dört teli varken yaptığı herşeyden daha güzel, daha kutsal, daha unutulmazdır...

O zaman belki de bizim görevimiz, yaşadığımız bu sallantılı, hızla değişen, ürkütücü dünyada kendi müziğimizi yapmaktır; önce elimizde olan herşeyle ve daha sonra bu artık imkânsız olduğunda, sadece elimizde kalanlarla...

Beni Sever misin Anne

Sevgi bekler çocuklar...

Anne bağırır:

"Çabuk ol servisi kaçıracaksın!"

Baba kükrer:

"Ne yatmasını biliyorsun, ne kalkmasını!"

Sabahları güneşin doğuşunu bilmez çocuk. Hiç aydınlanmadan kalkar içi. Taze bir sabah, bayat bir günün devamıdır çok zaman.

Her sabah adına yuva denen, adına kreş denen o yere bırakılır. Başkalarının annesinde, kendi annesinin hasretini çeker gün boyu. Sabahın köründe "Benim annem ne zaman gelecek!" diye gözyaşları döker solgun yüzüne dizi dizi.

Akşam ne uzundur; yuva ne kadar da gürültülü. Sevgilerini konuşurlar efkârlı saatlerde.

"Benim babam beni çok seviyor!"

"Hayır, benim babam beni daha çok seviyor!"

"Hadi ordan, beni hem babam hem annem daha çok seviyor!"

Başkalarının babası kendi çocuklarını çok severse, sanki kendi babalarının sevgisi azalacakmış gibi kavga ederler. En çok sevilen olmaktır tutkuları. Her pazartesi ne kadar sevildiklerinin ispatını yapmaya koyulurlar.

"Benim babam beni hamburger yemeye götürdü."

"Biz hem hamburger yemeye gittik, hem de Lunaparka gittik."

"N`apalım. Benim annem de beni sinemaya götürdü. Arslan Kral filminde ağladık annemle birlikte."

"Kızlar ağlar zaten. Ağlamanın neresi eğlenceli?"

"Biz babamla maç ettiğimiz zaman çok eğleniyoruz."

"Benim babam benimle değil, arkadaşlarıyla maç etmeye gidiyor."

"Bak demek ki benim babam beni daha çok seviyor. Bi kere biz ikimiz, yani babamla ben, maç ediyoruz."

Pazartesileri hep böyle geçer. Herkes kendi babasının en sevgili baba olduğunu ispat etmeye çalışır. Öteki çocuklar yeni sevgi ispatlarını ortaya koydukça içini bir ürperti kaplar. Başkalarının babası çocuklarını daha çok mu seviyordur acaba? O reklam gelir aklına. Kahrolası reklam. "Evinizi seviyorsunuz, arabanızı seviyorsunuz... Beni sevmiyor musunuz?"

İnanmak üzeredir onu sevmediklerine. Arka koltuğa gazoz döktü diye ne çok bağırmıştı babası. Ama olsun, arkadaşlarına bunu anlatmazsa eğer, babasının arabasını kendisinden çok sevdiğini nereden bilecekler. Keşke her pazartesi en sevilen evlat oyununu oynamak zorunda kalmasaydı. Bunun için pazartesileri hep hasta numarası yapması; uyanamaması... En sevilen çocuk olmak yarışması bilseniz ne kadar zor diyebilse bir gün, her şey ne kadar kolay olacak. Oyunu değiştirebilirdi. Bu oyunun mağlubu olduğunu arkadaşları öğrenecek diye her pazartesi karanlık bir kuyu olmazdı o zaman.

Herkesin annesinin ve babasının ne kadar iyi anne-baba olduğu, onlara ne çok pahalı oyuncak aldıklarının konuşuldukları bir sırada,

"Beni anneannem çok sever!" diye bağırıverdi. Sustu arkadaşları. Söyleyebilecek bir şey bulamadılar bir an.

Akın boynunu büküp "Benim anneannem yok!" dedi.

Üzüldü o zaman. Ama geri dönemezdi. "Benim anneannem beni çok sever. Masal anlatır bana. Yaramazlık yapınca `Dayında böyleydi` der gülerek."

Arkadaşları ne kadar dinliyor diye sustu birden. Kendisine doğru yönelmiş meraklı bakışları keyifle seyretti.

Ağızları açık "Ee sonra?" diyorlardı.

"Sever beni. Masal anlatır. Hiç susturmaz beni. Ben konuştukça güler. 'Hay çocuk' der. 'Sen beni güldürdün. Allah da seni güldürsün' der."

Herkes bir masal büyüsü ile dinlerken onu, anneannesini öteki çocuklarla paylaştığını düşünüp susuverdi.

Üsteledi arkadaşları. "Hadi anlatsana!" dediler.

Top havuzuna doğru koşup "Herkesin anneannesi kendine"diye bağırdı.

Akın itiraz etti. Hiç olmazsa arkadaşının anneannesinde tatmadığı bir duyguyu tadacağını düşünürken ne diye oyunbozanlık yapıyordu. Kızdı. "`Herkesin babası kendisine` demiyordun ama!"

Duymazlığa geldi. Anneannesini hiç kimselerle yarıştırmak istemiyordu, işte o kadar! Akşam çabuk oldu. Bu oyunu kazanmıştı. Muzaffer bir komutan edasında dolaştı bütün gün. Artık annesine neden pazartesileri yuvaya gitmek istemediğini anlatabilirdi. Yorganın altına saklanmazdı bundan böyle. Her pazartesi anneannesinden bir demet yapıp götürürdü.

Kapıdan içeri girer girmez neşeyle bağırdı :

"Anne biliyormusun bugün yuvada ne oldu?"

"Görmüyor musun? Telefonla konuşuyorum."

Hiç kimsenin sevdiği şey birbirine benzemiyordu. Annesi telefonu, babası arabayı seviyordu. Her şey erteleniyordu telefon ve araba söz konusu olduğunda. Bir de eve misafir gelecek oldu mu kendisine hiç yer kalmıyordu. Nerelere gitsin di? Annesi kapattı telefonu. Mutfaktan tencere kaşık sesleri geliyordu. Koşarak yanına gitti.

"Sana yardım edeyim mi?" dedi en sevimli hâlini takınarak.

Annesi manalı manalı baktı. "Hayırdır. Bir yaramazlık filan. Bak bir de seninle uğraşmayayım. Çok yorgunum zaten."

Yorgunluk nasıl bir şeydi. Bazen elinde oyuncağıyla uykuya daldığında anneannesi oyuncağı yavaşça elinden alır "Nasıl yorulmuş yavrucak. Uykunun gül kokulu kolları sarsın seni" diyerek alnına bir öpücük konduruverirdi. Yorgunluk gül kokulu bir uykuya dalmaksa eğer, ne diye annesi kendisiyle böyle kızgın kızgın konuşuyordu.

"Anneciğim yorulduğun zaman gül kokulu uykulara dalarsın. Anneannem öyle söylüyor."

"Uykuya dalayım da gül kokuları kusur kalsın. Yorgunluktan ölüyorum."

Bu kelimeden nefret ediyordu. Yorgunum. Yorgun olduğumdan. Böyle yorgun yorgunken...

"Anneciğim sen yorulma diye..."

"Yemekte konuşuruz çocuğum. Bankada işler yetişmedi. Baban gelene kadar bunları bitirmem lazım. Hadi sen oyna biraz."

"Hani siz yoruluyorsunuz ya..."

"Eeee...."

"Ben de oynamaktan yoruluyorum."

"Ne yapayım?"

"Bilmem..."

Yapılmaması gerekenleri biliyordu da büyükler, yapılması gerekenleri hiç bilmiyorlardı.

Işıklar söndü birden. Annesi öfkeyle söylenmeye başladı. "Mum da yok" diye diye karıştırdı dolapları el yordamı.

Çocuk sırt üstü yatıp, anneannesinin köyünü düşündü. Gaz lambasının ışığında deli tavşan masalını anlatışını. Deli tavşanın duvardaki aksini getirdi gözlerinin önüne. Anneannesi gibi iki ellerini birleştirip işaret parmaklarını yukarı kaldırarak tavşan kafası yaptı. "Bak deli tavşan" diyerek parmaklarını oynattı. Yoldan geçen arabaların farları duvardaki tavşana yol açtı. Tavşan alabildiğine hür dolaştı sağda solda. Otlarla kuşlarla konuştu. Sonra yorgun düştü. Duvardaki görüntü o minik avuçların açılmasıyla kayboldu. Kolu yavaşça kanepeden aşağı sarktı. Neden sonra ışıklar geldi. Kadın çocuğun hiç konuşmadığını fark etti birden.

Kanepeye koştu. Küçücük dizlerini karnına doğru çekerek uykuya dalmıştı.

Masanın üstündeki dosyalara baktı iğrenerek. Dindirilmez bir pişmanlık doldurdu içini. Uyandırmaktan korka korka küçük alnına bir öpücük kondurdu.

Çocuk sanki bu öpücüğü bekliyormuşçasına,

"İşin bitince beni sever misin anne ?" dedi.

Kadın, sevilmek için randevu alan çocuğuna bakarak sabaha kadar ağladı.

Doğumdan Ölüme Rakamlar

YAŞ 5

Anne ve babamın birbirlerine bağırmalarının beni ne kadar korkuttuğunu öğrendim.

YAŞ 7

Meşrubat içerken gülersem içtiğimin burnumdan geleceğini öğrendim.

YAŞ 12

Bir şeyin değerini anlamanın en iyi yolunun bir süre ondan yoksun kalmak olduğunu öğrendim.

YAŞ 13

Annemle babamın elele tutuşmalarının ve öpüşmelerinin beni daima mutlu ettiğini öğrendim.

YAŞ 15

Bazen hayvanların kalbimi insanlardan daha fazla ısıttığını öğrendim.

YAŞ 18

İlk gençlik yıllarımın keder, şaşkınlık, ıstırap ve aşktan ibaret olduğunu öğrendim.

YAŞ 24

Aşkın kalbimi kırabileceğini ama buna değer olduğunu öğrendim.

YAŞ 33

Bir arkadaşı kaybetmenin en kestirme yolunun ona ödünç para vermek olduğunu öğrendim.

YAŞ 36

Önemli olanın başkalarının benim için ne düşündükleri değil, benim kendi hakkımda ne düşündüğüm olduğunu öğrendim.

YAŞ 38

Eşimin beni hâlâ sevdiğini, tabakta iki elma kaldığında küçüğünü almasından anlayabileceğimi öğrendim.

YAŞ 41

Bir insanın kendine olan güveninin, başarısını büyük oranda belirlediğini öğrendim.

YAŞ 44

Annemin beni görmekten her seferinde sonsuz mutluluk duyduğunu öğrendim..

YAŞ 46

Yalnızca minik bir kart göndererek bile birinin gönlünü aydınlatabileceğimi öğrendim.

YAŞ 49

Herhangi bir işi yaptığımdan daha iyi yapmaya çalıştığımda, o işin yaratıcılığa dönüştüğünü öğrendim.

YAŞ 50

Sevgi, evde öğretilmemişse, başka yerde öğrenmenin çok güç olabileceğini öğrendim.

YAŞ 53

İnsanların bana, izin verdiğim biçimde davrandıklarını öğrendim.

YAŞ 55

Küçük kararları aklımla, büyük kararları ise kalbimle almam gerektiğini öğrendim.

YAŞ 64

Mutluluğun parfüm gibi olduğunu, kendime bulaştırmadan başkalarına veremeyeceğimi öğrendim.

YAŞ 70

İyi kalpli ve sevecen olmanın, mükemmel olmaktan daha iyi olduğunu öğrendim.

YAŞ 82

Sancılar içinde kıvransam bile başkalarına baş ağrısı olmamam gerektiğini öğrendim.

YAŞ 90

Kiminle evleneceğin kararının hayatta verilen en önemli karar olduğunu öğrendim.

YAŞ 95

Öğrenmem gereken daha pek çok şeyler olduğunu öğrendim.

Hayat Bir Yolculuksa

Belki uzun, belki kısa bir yoldasınız....

Her başarısızlık sizin için birer KAVŞAK... Endişeleriniz birer VİRAJ... Arkadaşlarınız bazen GAZ PEDALI olur, bazen de FREN... Düşmanlarınız TRAFİK IŞIKLARINDA ki KIRMIZI... Aileniz ise yolunuzda ki UYARI TABELALARI... İş hayatınız ise ENGEBELİ bir ARAZİ...

Ama ;

Deponuz PRENSİPLERİNİZLE DOLUYSA...

Motorunuz İRADENİZ KADAR SAĞLAMSA...

İnandığınız herşey SİGORTANIZ olmuşsa..

Yan koltukta da TANRI'nın VARLIĞINI her zaman hissediyorsanız...

DİLEDİĞİNİZ YERE MUTLAKA VARACAKSINIZ...

Bin Misket Teorisi

Genç adam yoğun iş temposundan iyice bunalmıştı. Vakit akşama yaklaşıyordu; ama mesai kavramına çok yabancı olduğu için evine ne zaman gideceği belli değildi. Başını iki elinin arasına aldı, gözlerini sıkıca kapadı. Çok para kazanıyordu; Yöneticiydi. Bir çok insanın imrenerek baktığı bir konumdaydı. Ama yaşadığı hayatı hayat olarak görmüyordu.

"Bu ne biçim hayat böyle!" diye söylendi kendi kendine.

Hafta sonlarında dahi evine gidemiyordu. Toplantılar, iş seyahatleri, yazışmalar ve koşuşturmacayla geçen bir hayat. Ailesine vakit ayıramıyordu. Pek çok yakın dostunun adını dahi unutmuştu.

Bu karamsarlık içinde kıvranırken, birden çekmecesindeki küçük radyosu aklına geldi. Radyoyu açtı. Yayınlanan müzik parçası ile biraz rahatladığını hissetti. Müziğin ardından yaşlı bir adamın konuşmasıyla gayri ihtiyari radyoyu kapatmak istedi. Ama birden durdu. İlginç bir teoriden bahsedeceğini söylüyordu yaşlı adam. "BİN MİSKET TEORİSİ"ni anlatacaktı. Merakla dinlemeye başladı.

"Birgün oturdum ve biraz aritmetik yaptım. Ortalama bir kişinin yetmiş beş yaşına kadar yaşadığını varsaydım. Biliyorum, bazıları daha çok, bazıları da daha az yaşar. Ama biz yetmiş beş yıl yaşadığını düşünelim. Bir yılda 52 hafta olduğu için, 75'i 52 ile çarptım ve ortalama ömre sahip bir insanın tüm hayatında yaşayacağı cumartesi sabahı sayısı olarak 3900 rakamına ulaştım. Şimdi beni iyi dinleyin. En önemli kısmına geliyorum. Bütün bunları ayrıntılı olarak düşünmeye elli beş yaşında başlamıştım. Yaptığım hesaba göre bu yaşa kadar 2180'in üzerinde cumartesi yaşamıştım ve eğer yetmiş beş yaşına kadar yaşarsam, yaşayacağım cumartesi sayısı sadece bin adet olacaktı.

Bir oyuncak dükkânına gittim ve elindeki tüm misketleri aldım. 1000 adet misketi bir araya getirmek için üç tane daha oyuncakçı dükkânını ziyaret ettim. Bunları eve getirdim ve atölyemdeki radyomun yanında duran büyük, şeffaf bir kavanozun içine hepsini doldurdum. O günden sonra, her cumartesi kavanozdan bir tane aldım. Misketlerin azaldığını gördükçe, hayatımdaki önemli şeyleri daha fazla DÜŞÜNMEye başlamıştım. Anladım ki, dünyadaki zamanımın akıp gittiğini seyretmek kadar önceliklerimi düzene koymama hiçbir şey yardım edemez."

Yaşlı adamın anlattıkları öylesine etkiliydi ki, genç işadamı âdetâ dünyadan kopmuş, radyoya kilitlenmişti. Yaşlı adam şu cümlelerle konuşmasını tamamladı:

"Programı kapatmadan önce şimdi size son birşey daha anlatacağım. Bu sabah kavanozun içindeki son misketi de aldım. Eğer önümüzdeki cumartesiye kadar yaşarsam, bana biraz daha zaman verilmiş olacak. Unutmayın, hepinizin kullanabileceği en önemli şey, biraz daha fazla zamandır."

* * *

Farkında mısınız bilmiyorum ama bizi meşgul eden o kadar oyun var ki... Önemli ya da önemsiz... Ama biz bunların arasında kaybolup gittiğimizi fark edemiyoruz bile... İşin garibi, fark ettiğimiz anda "Şu işimi de bitireyim ondan sonra..." diye erteliyoruz... Hadi arkanıza yaslanın, derin bir nefes alın ve hayatınızda önemli olan dostlarınızdan birisinin telefonunu çaldırın, cıvıl cıvıl sesinizle "ALO" deyin... Gülümseyin... Mutluluklarınızın kalıcı ve bulaşıcı olması dileklerimle...

Ben Dün'üm

Ben Dün'üm. Senden sonsuza dek uzaklaştım. Ben uzun günler zincirinin son halkasıyım. Senden uzakta buharlaşıyor, önce sislere, sonra da kayıtsızlık okyanusuna karışıyoruz. Zaferlerinde, yenilgilerinde, sevinçlerinde, üzüntülerinde hepimizin payı var. Hepimiz unutkanlığından payımızı alıyoruz. Yine de giderken hepimiz bilinç altında bir şeyler bırakıyoruz. Biz senin ruhunun derinliklerini dolduruyoruz.

Senden ayrılıyorum; ama her zaman seninle olacağım.

Bir zamanlar adım Yarın'dı ve bir bakire kadar saftım. Sonra sana eşlik etmeye başladım ve adıma Bugün dendi. Artık Dün'üm ve üzerimde senin hiç çıkmayacak izini taşıyorum. Ben yaşamının sayfalarından biriyim. Benden önce ve benden sonra da pek çok sayfa var. Bir gün hepimizi birer birer çevirecek ve kim olduğumuzu keşfedeceksin.

Solgun görünüyorum; çünkü hiç umudum yok. Elimdeki tek şey anılarım.

Zenginim; çünkü bilgilerim var. Bir çocuk doğurup sana bıraktım. Adı "Deneyim." Bana bakmaktan hoşlanmıyorsun. Hiç güzel değilim çünkü. Sadece heybetli, sadık ve ciddiyim. Sesimi sevmiyorsun. Senin arzularına hitap etmiyor. Soğuk, tekdüze ve tedbir dolu geliyor sana.

Ben Dün'üm; Bugün'den veya Sonsuza Dek'ten farkım yok; çünkü ben SEN'im, kendinden kaçamazsın. Zaman zaman dostlarımla senden söz ediyoruz. Bazılarımız zalimliğinin yaralarını taşıyoruz üzerimizde. Bazılarımız suçunun acısını çekiyoruz. Kimimiz yaptığın iyilikleri, güzelliklerini paylaşıyoruz. Seni sevmiyoruz. Senden nefret etmiyoruz. Yargılıyoruz seni. Şefkat duymuyoruz ; yalnızca Bugün yapabilir bunu. Seni cesaretlendiremiyoruz da, o sadece Yarın'ın elinde.

Geçmişin kapısında durmuş, geçen günleri karşılıyoruz. Yarınların bugün olduğunu görüyoruz; sonra onlar da aramıza katılıyorlar. Yavaş yavaş hayatını emiyoruz; tıpkı vampirler gibi. Sen yaşlandıkça biz düşüncelerini yudumluyoruz. Giderek daha çok bize dönüyorsun; Yarın'dan daha yavaş uzaklaşıyorsun. Sırtına, başına karlarımız yağıyor. Buz gibi suyumuz tutkularını donduruyor. Buharımız umutlarını karartıyor. Gözlerinin önüne mezar taşlarımız geliyor. Ölen sevgiler, tılsımını yitiren büyüler kuşatıyor çevreni.

Yarınlar belirsiz. Bugünler anlamadan geçip gidiyor. İnsanlığı köleliğe mahkûm eden tehlikeli güç bizden geliyor; savaştan monarşiden yana olanlar, imtiyazlara tabi tutulanlar güçlerini hep bizden alıyorlar. Bugünü boğmak, yarının önünü kesmek için geleneklerin uzun, güçlü, gri kollarına sığınıyoruz.

Biz Dünya'nın dünleriyiz. Eğer bize karşı ayak diremeyi bilseydin, daha hızlı yükselebilirdin. Ama bizim sırtına binmemize izin verdiğinde, sana baskı yapıyor, seni boğuyoruz.

Ben Dün'üm. Benim yüzüme bakmayı, beni kullanmayı, benden korkmamayı öğren. Ben senin dostun değilim. Sadece yargılar ve seni korkuturum. Senin dostun YARIN'dır.

Özürlüler Olimpiyatı

Birkaç yıl önce, Seattle Özel Olimpiyatları'nda, zihinsel özürlü olan dokuz yarışmacı 100 metre koşusu için başlama çizgisinde toplandılar. Başlama işareti ile birlikte hepsi birden yarışa başladılar.

Bir hamlede başlamadılar belki ama yarışı bitirmek ve kazanmak için istekliydiler. Yarış başlar başlamaz içlerinden genç bir delikanlı tökezleyip yere düştü ve ağlamaya başladı. Diğer sekiz yarışmacı genç delikanlının hıçkırıklarını duydular ve yavaşlayarak geriye baktılar.

Sonra hepsi yönlerini değiştirdiler. Geriye dönerek genç delikanlının yanına geldiler. İçlerinden Down Sendromlu bir genç arkadaşının yanağına bir öpücük kondurdu ve 'Bu onun daha iyi olmasını sağlar,' dedi. Sonra dokuzu birden kol kola girdiler ve bitiş çizgisine doğru hep birlikte yürüdüler.

Stadyumdaki herkes ayağa kalkıp dakikalarca bu yürekli insanları alkışladılar. O gün orada bulunan herkes hâlâ bu öyküyü anlatıyor.

Çünkü öğrendikleri bir şey vardı ki; hayatta önemli olan şey sadece kendimiz için kazanmaktan ziyade, yavaşlamak anlamına gelse de kendimizle birlikte diğerlerinin kazanmasına yardım etmektir.

Bir tebessümle dahi olsa, arkadaşını sevindirmeyi ihmal etme...

İşe Yararlılık Filtresi

Eski Yunanda, Sokrat bilgiyi tutması sebebiyle saygıdeğer bir ün yapmıştı..

Bir gün bir tanıdık büyük filozafa rastladı ve dedi ki:

''Arkadaşınla ilgili ne duyduğumu biliyor musun?''

"Bir dakika bekle," diye cevap verdi Sokrat.

"Bana birşey söylemeden evvel senin küçük bir testten geçmeni istiyorum. Buna Üçlü Filtre Testi deniyor."

"Üçlü Filtre?"

''Doğru,'' diye devam etti Sokrat.

"Benimle arkadaşım hakkında konuşmaya başlamadan önce, bir süre durup ne söyleyeceğini filtre etmek, iyi bir fikir olabilir.

Birinci filtre Gerçek Filtresi: Bana birazdan söyleyeceğin şeyin tam anlamıyla gerçek olduğundan emin misin?"

'' Hayır,'' dedi adam '' Aslında bunu sadece duydum ve..."

''Tamam,'' dedi Sokrat.

"Öyleyse, sen bunun gerçekten doğru olup olmadığını bilmiyorsun. Şimdi ikinci filtreyi deneyelim, İyilik Filtresini.'

Arkadaşım hakkında bana söylemek üzere olduğun şey iyi birşey mi?"

"Hayır, tam tersi..."

"Öyleyse," diye devam etti Sokrat.

"Onun hakkında bana kötü bir sey söylemek istiyorsun ve bunun doğru olduğundan emin değilsin. Fakat yine de testi geçebilirsin, çünkü geriye bir filtre daha kaldı. İşe yararlılık filtresi.

Bana arkadaşım hakkında söyleyeceğin şey benim işime yarar mı?"

"Hayır, gerçekten değil."

"İyi," diye tamamladı Sokrat.

"Eğer, bana söyleyeceğin sey doğru değilse, iyi değilse ve işe yarar, faydalı değilse bana niye söyleyesin ki?"

Bu, Sokratın iyi bir filozof olmasının ve büyük itibar, saygı görmesinin sebebiydi...

Mutluluk Anahtarları

Belki Tanrı yanlış insanlarla tanışmamızı istedi, doğru insanı tanımadan önce; böylece en sonunda doğru insanla tanışdığımızda, bu hediyenin ne yüce olduğunu anlamamız için.

Belki mutluluk kapısı kapandığında, başkası açılıyordur; fakat böyle zamanlarda kapanan kapıya öyle uzun bakarız ki, bizim için açılan diğer kapıyı görmeyiz bile.

Belki en iyi arkadaşlık, sallanan bir koltukta beraber sallandığınız, tek bir kelime etmediğiniz ve giderken bunun hayatınızdaki en iyi sohbet olduğunu düşündüğünüz kişilerde saklıdır.

Belki elimizde olanın kıymetini kaybettiğimizde anladığımız doğru olabilir; fakat elimize gelene kadar neler kaçırdığımızın farkına varamadığımız da doğrudur.

Birine sevginizin tümünü sunmak, asla sizi de aynı şekilde seveceğinin garantisi değildir. Sevgiye karşılık beklemeyin; sadece sevginin karşıdakinin kalbinde büyümesini bekleyin; fakat olmazsa da, sizin kalbinizde büyüdüğüne emin olun.

Birine çarpılmak için bir an yeterlidir; birinden hoşlanmak için bir saat ve birini sevmek içinde bir gün yeterlidir; ama birini unutmak bir ömür sürer.

Görünüşe aldanmayın; kandırıcı olabilir. Zenginliğe aldanmayın; yok olup gidebilir. Sizi güldüren birini seçin; çünkü karanlık bir günü aydınlatan şey bir gülümsemedir. Kalbinizi gülümsetebilen birini bulun.

Öyle zamanlar vardır ki, bazen birini öylesine çok özlersiniz, onu hayallerinizden çıkarıp, gerçek hayatta kucaklamak istersiniz.

Hayal etmek istediğiniz şeyi hayal edin, gitmek istediğiniz yere gidin, olmak istediğiniz kişi olun; çünkü yaşayabileceğiniz tek bir hayatınız var ve tüm bunları yapabilmek için tek bir şansınız.

Sizi tatlı kılacak kadar yeterli mutluluğunuz olsun, güçlü kılacak kadar acı deneyiminiz, insan kılacak kadar üzüntünüz, ve sizi mutlu kılmaya yetecek kadar umudunuz olsun.

Daima kendinizi başkalarının ayakkabılarına koyun.

Eğer ayaklarınız acıyorsa, o kişininkiler de acıyordur.

En mutlu kişiler, herşeyin en iyisine sahip olanlar değildir; onlar karşılarına çıkan herşeyin değerini en iyi bilenlerdir.

Mutluluk; ağlayanlar, incinenler, araştırma yapanlar ve çabalayanlar için vardır; çünkü böyle insanlar hayatlarına giren her insanın önemini takdir edenlerdir.

Aşk bir gülücük ile başlar, bir öpücük ile gelişir ve bir gözyaşı ile son bulur.

En parlak gelecek, unutulmuş bir geçmişin üstünde yükselir. Geçmişinizdeki kalp kırıklıklarını ve hataları silmezseniz hayatın içinde ilerleme şansınız olmaz.

Doğumunuzda siz ağlarken çevrenizdeki herkes gülüyordu, öyle bir hayat yaşayın ki, öldüğünüzde gülen siz olun, ağlayanlar da çevrenizdekiler...

Bir Parça Cesaret

1986 yılıydı. Reklam ajansımı yeni kapatmıştım ve neredeyse hiç param yoktu; şimdi ne yapacağımı da bilemiyordum. Derken bir gün, bilgisayar ağlarının gücü hakkında bir dergi makalesi okuduktan sonra zihnimde bir ışık yandı. 1980'lerdeydik; neden insanlar bilgisayar ağlarından para kazanmıyorlardı? Sorular sormaya başladıktan sonra fikir aklımda belirdi: GÜÇYEMEĞİ! Eleman veya iş arayanlar beni arayacaklardı ve ben de iş yentası (çöpçatanı) rolünü üstlenip bilgisayar yoluyla onlara endüstride aradıkları insanı veya aradıkları işi bulacaktım. Sonra doğru insanları öğle yemeğinde buluşturacaktım. Mükemmel değil mi?

Tek sorun, bir iş kurmak için çok az param olmasıydı. Böylece beni hiç yarı yolda bırakmamış olan bir yönümü, konuşma yeteneğimi, ağzımı kullanmaya karar verdim. Çok ucuz bir basımevinde on bin tane broşür bastırdım, cesaretimi topladım ve Washington D.C.'de, şehrin ortasında Connecticut ve K bulvarlarının köşesine yerleştim. Ciğerlerimin son gücüyle, "GÜÇYEMEĞİ! GÜÇYEMEĞİ'nizi yiyin!" diye bağırdım. Üç gün boyunca bağırıp broşür dağıttım. İnsanlar bana biraz tuhaf bąktılar ama broşürleri aldılar.

Üç günün sonunda, bütün broşürleri dağıtmıştım ve bir kişi bile aramamıştı. Parasız, cansız ve ümitsiz eve gittim. İçeri girer girmez telefon çaldı. Arayan Washington Post'tan bir muhabirdi. Broşürlerimden birini görmüştü ve gazetenin "Stil" bölümünün ilk sayfasında yayımlanacak bir röportaj yapmak istiyordu. Bir düşünün; şirketim yoktu, iş telefonum yoktu (beni ev telefonundan aramıştı) ve işimin yapısı hakkında pek bilgim yoktu; fakat yine de röportaj önerisini heyecanla kabul ettim.

Ertesi gün muhteşem bir görüşme yaptık ve benden iş telefonumu istedi. Öğleden sonra arayıp vereceğimi söyledim. Sonra hemen yerel telefon şirketine gidip bir numara aldım ve ona numaramı verdim: 265:YEE (henüz bağlanmamıştı ama en azından bir numaram vardı.) Şaşkın muhabir bunu basmayı kabul etti. Bu, Post için olağan bir şey değildi.

Ertesi gün ev telefonunun sesine uyandım; bir arkadaşım gazetedeki makale için beni kutluyordu. Yatağın içinde doğruldum. Fakat yeni numaram daha bağlanmamıştı ki! Tam bu sırada kapı çaldı. Kapıdaki kadın telefon şirketinden geliyordu ve telefonumu bağlamaya gelmişti. Evin arka kısmına gitti ve yaklaşık on beş dakika sonra elinde bir parça kağıtla geri geldi. "O ne?" diye sordum.

Gülerek "Telefonu bağlarken aldığım mesajlar!" dedi. İşim daha şimdiden benden bir adım öne geçmişti.

Daha sonra New York Times, Christian Science Monitor, hatta Entertainment Tonight da dahil olmak üzere pek çok basın organı beni aradı. Yüzlerce öğle yemeği teklifi aldım ve pek çok insanı birbirleriyle tanıştırdım. Ayna anda hem eğlenme, hem de iş yapma isteğim gerçek olmuştu. Ve bütün bunlar, Connecticut ile K bulvarlarının köşesinde avazım çıktığı kadar bağırmam ve biraz da cesaretim sayesinde olmuştu.

Kavak Ağacı ile Kabak Filizi

Kavak ağacının yanında bir kabak filizi boy göstermiş. Bahar ilerledikçe, kabak filizi kavak ağacına sarılarak yükselmeye başlamış. Yağmurların ve güneşin etkisi ile müthiş hızla büyümüş ve neredeyse kavak ağacıyla aynı boya gelmiş.

Bir gün dayanamayıp sormuş kavağa:

"Sen kaç ayda bu hale geldin ağaç?"

"On yılda," demiş kavak.

"On yılda mı?" diye gülmüş ve çiçeklerini sallamış kabak.

"Ben neredeyse iki ayda seninle aynı boya geldim bak!"

"Doğru," demiş ağaç.

Günler günleri kovalamış ve sonbaharın ilk rüzgârları başladığında kabak önce üşümeye başlamış sonra yapraklarını düşürmeye; soğuklar arttıkça da aşağıya doğru inmeye başlamış.

Sormuş endişeyle kavağa:

"Neler oluyor bana ağaç?"

"Ölüyorsun," demiş kavak.

"Niçin?"

"Benim on yılda geldiğim yere sen iki ayda gelmeye çalıştığın için."

Akrep ve Hintli

Suyun etrafında dolaşan bir akrep gören Hintli, onu avuçlarının içinde saklamaya karar verir. Fakat akrep onu sokar. Adam yılmaz ve akrebi tekrar suyun dışına çıkarmaya karar verir; fakat akrep onu tekrar sokar.

Adamın hemen yanındaki yaşlı bir adam onu durdurur ve akrep onu yine sokmadan ona dokunmaktan vazgeçmesini söyler.

Hintli "Hayır!" der. "Akrebin sokması doğasında olan birşeydir. Benim doğamda olan ise sevgidir. Neden o beni sokarak bana zarar vermek isterken ben ona sevgimi vermeyeyim; neden onunla iyiliği ve güzelliği paylaşmayayım..."

Annemiz

1 yaşınızdayken sizi elleriyle besledi ve yıkadı.

Bütün gece ağlayıp onu uyutmayarak teşekkür ettiniz.

2 yaşınızdayken size yürümeyi öğretti.

Size seslendiğinde odadan kaçarak teşekkür ettiniz.

3 yaşınızdayken size özenle yemekler hazırladı.

Tabağınızı masanın altına dökerek teşekkür ettiniz.

4 yaşınızdayken elinize rengarenk kalemler tutuşturdu.

Evin bütün duvarlarına resim yaparak teşekkür ettiniz.

5 yaşınızdayken sizi cici kıyafetlerle süsledi.

Gördüğünüz ilk çamur birikintisine atlayarak teşekkür ettiniz.

6 yaşınızdayken okula kadar sizinle yürüdü.

Sokaklarda "Gitmiyceeeem!" diye ağlayarak teşekkür ettiniz.

7 yaşınızdayken size bir top hediye etti.

Komşunun camını kırarak teşekkür ettiniz.

9 yaşınızdayken size piyano öğretmeni buldu.

Notaları bir gün bile çalışmayarak teşekkür ettiniz.

10 yaşınızdayken doğum günü partilerinden dans derslerine kadar her yere sizi arabayla götürdü.

Arabadan fırlayıp giderken arkanıza bile bakmayarak teşekkür ettiniz.

11 yaşınızdayken sizi arkadaşınızla sinemaya götürdü.

"Sen bizimle oturma!" diyerek teşekkür ettiniz.

12 yaşınızdayken zararlı TV programlarını seyretmenizi istemedi.

O evde değilken hepsini izleyerek teşekkür ettiniz.

15 yaşınızdayken sizi yurt dışında yaz kampına gönderdi.

Tek satır mektup yazmayarak teşekkür ettiniz.

17 yaşınızdayken arkadaşınızla partiye gitmenize izin verdi.

Bir telefon bile etmeden sabaha karşı eve dönerek teşekkür ettiniz.

19 yaşınızdayken okul masraflarınızı karşıladı, sizi arabayla kampüse götürdü ve eşyalarınızı taşıdı.

Arkadaşlarınız alay etmesin diye kampüs kapısında vedalaşarak teşekkür ettiniz.

21 yaşınızdayken iş hayatı ve kariyerinizle ilgili size fikir vermek istedi.

"Ben senin gibi olmayacağım!" diyerek teşekkür ettiniz.

22 yaşınızdayken kep giyme töreninizde size gururla sarıldı.

Avrupa seyahati için para isteyerek teşekkür ettiniz.

24 yaşınızdayken uzun süredir çıktığınız insanla tanışmak istedi.

"Zamanını ben bilirim!" diye tersleyerek teşekkür ettiniz.

25 yaşınızdayken düğün masraflarınızı karşıladı, sizin için hem mutlu oldu hem çok duygulandı.

Siz dünyanın bir ucuna taşınarak teşekkür ettiniz.

30 yaşınızdayken bebek bakımı hakkında size akıl vermek istedi.

"Artık bu ilkel yöntemleri bırak!" diyerek teşekkür ettiniz.

40 yaşınızdayken sizi arayıp bir akrabanızın doğum gününü hatırlattı.

"Anne işim başımdan aşkın!" diyerek teşekkür ettiniz.

50 yaşınızdayken o çok hastalandı, hafta sonunda onu görmeye gittiğinizde mutlu oldu.

Ona yaşlıların çocuk gibi nazlı olduğunu söyleyerek teşekkür ettiniz.

Derken bir gün o öldü.

O güne kadar onun için yapmadığınız ne varsa, o anda kalbinize bir yıldırım gibi düştü...

EĞER HÂLÂ SİZİNLEYSE, ŞİMDİ ONU HER ZAMANKİNDEN DAHA ÇOK SEVİN.... VE ONU HİÇ İNCİTMEYİN...

İnsan Düzelince Dünya Düzelir

Adam, bir haftanın yorgunluğundan sonra pazar sabahı kalktığında bütün haftanın yorgunluğunu çıkarmak için eline gazetesini aldı ve bütün gün miskinlik yapıp evde oturacağını düşündü. Tam bunları düşünürken oğlu koşarak geldi ve sinemaya ne zaman gideceklerini sordu. Baba oğluna söz vermişti, onu bu hafta sonu sinemaya götürecekti ama hiç dışarıya çıkmak istemediğinden bir bahane uydurması gerekiyordu. Sonra gazetenin promosyon olarak dağıttığı dünya haritası gözüne ilişti. Önce dünya haritasını küçük parçalara ayırdı ve oğluna "Eğer bu haritayı yeniden bir araya getirebilirsen seni sinemaya götüreceğim," dedi. İçinden de "Oh be kurtuldum! En iyi coğrafya profesörünü bile getirsen bu haritayı akşama kadar düzeltemez!" diye geçirdi.

Aradan on dakika geçtikten sonra oğlu babasının yanına koşarak geldi ve "Baba haritayı düzelttim, artık sinemaya gidebiliriz," dedi. Adam önce inanamadı ve görmek istedi. Gördüğünde şaşkınlık içindeydi ve bunu nasıl yaptığını sordu. Çocuk "Bana verdiğin haritanın arkasında bir insan vardı ve insanı düzelttiğim zaman, dünya kendiliğinden düzelmişti!" dedi....

Örümcek Ağı

Dünya hayatında hep kötülük işleyen bir adamı cehennem kapısında bir melek karşıladı.

Melek adama şöyle seslendi:

"Hayatta iken tek bir gün bile birisine iyilik yaptıysan buraya girmeyeceksin."

Günahkâr adam uzun süre düşündükten sonra, bir keresinde ormanda gördüğü örümceği hatırladı.

Balta girmemiş ormanda yürürken önüne bir örümcek ağı çıkmıştı. Adam ağı bozmamak ve örümceği ezmemek için o gün yolunu değiştirmişti. Heyecan içinde o günü meleğe anlattı.

Melek adama gülümsedi ve ardından elini şıklattı. Gökten bir örümcek ağı inmişti. Adam bu ağa tutunarak cennete girebilecekti.

Adam neşe içinde ağa tırmanırken cehennemden bazıları da bu ağa tutunarak cennete gitmeye çalıştılar.

Fakat adam ağın o kadar çok insanı taşımayacağından korkarak onları itmeye başladı. Tam o sırada ağ gerçekten koptu ve diğerleri ile birlikte adamda cehenneme düştü.

"Yazık!" dedi melek, "Bencilliğin, hayatında işlediğin tek iyiyi de kötülüğe döndürdü. O insanlara şefkat gösterebilseydin, ağın herkesi taşıyabileceğini de görecektin."

* * *

"YAŞAMIN ÖRÜMCEK AĞINI ÖREN İNSANIN KENDİSİ DEĞİLDİR. O, BU AĞDA SADECE BİR TELDİR VE BU AĞA YAPTIĞI KATKIYI ASLINDA KENDİ YAŞAMINA YAPMAKTADIR....

Anka Kuşu

Rivayet olunur ki, kuşların hükümdarı olan Simurg Anka, Bilgi Ağacı'nın dallarında yaşar ve her şeyi bilirmiş...

Kuşlar Simurg'a inanır ve onun kendilerini kurtaracağını düşünürmüş.

Kuşlar dünyasında her şey ters gittikçe onlar da Simurg'u bekler dururlarmış. Ne var ki, Simurg ortada görünmedikçe kuşkulanır olmuşlar ve sonunda umudu kesmişler.

Derken bir gün uzak bir ülkede bir kuş sürüsü Simurg'un kanadından bir tüy bulmuş. Simurg'un var olduğunu anlayan dünyadaki tüm kuşlar toplanmışlar ve hep birlikte Simurg'un huzuruna gidip yardım istemeye karar vermişler.

Ancak Simurg'un yuvası, etekleri bulutların üzerinde olan Kaf Dağı'nın tepesindeymiş. Oraya varmak için yedi dipsiz vadiyi aşmak gerekirmiş. Kuşlar hep birlikte göğe doğru uçmaya başlamışlar.

Yorulanlar ve düşenler olmuş.

Önce Bülbül geri dönmüş, güle olan aşkını hatırlayıp; papağan o güzelim tüylerini bahane etmiş. (oysa tüyleri yüzünden kafese kapatılırmış)

Kartal, yükseklerdeki krallığını bırakamamış; baykuş yıkıntılarını özlemiş, balıkçıl kuşu bataklığını.

Yedi vadi üzerinden uçtukça sayıları gittikçe azalmış.

Nihayet beş vadiden geçtikten sonra gelen altıncı vadi "Şaşkınlık" ve sonuncusu yedinci vadi "Yokoluş"ta bütün kuşlar umutlarını yitirmiş... Kaf Dağı'na vardıklarında geriye sadece otuz kuş kalmış.

Simurg'un yuvasını bulunca öğrenmişler ki;

"SİMURG ANKA - Otuz Kuş" demekmiş.

Onların hepsi Simurg'muş. Her biri de Simurg'muş.

Simurg Anka'yı beklemekten vazgeçerek, şaşkınlık ve yokoluşu da yaşadıktan sonra bile uçmayı sürdürerek, kendi küllerimiz üzerinden yeniden doğabilmek için kendimizi yakmadıkça, her birimiz birer Simurg olmayı göze almadıkça, bataklığımızda, tüneklerimizde ve kafeslerimizde yaşamaktan kurtulamayacağız.

Şimdi kendi gökyüzünde uçmak zamanıdır...

Tanrı İçin Taşınan Yük

Brenda yamaç tırmanışı yapmak isteyen genç bir kadındı. Bir gün cesaretini toplayarak bir grupla tırmanışa katıldı. Tırmanacakları yere vardıklarında, neredeyse duvar gibi dik, büyük ve kayalık bir yamaç çıktı karşılarına. Tüm korkularına rağmen, Brenda azimliydi. Emniyet kemerini taktı, ipi yakaladı ve kayanın dik yüzüne tırmanmaya başladı.

Bir süre tırmandıktan sonra, nefeslenebileceği bir oyuk buldu. Orada asılı dururken, gruptan yukarıda ipi tutan kişi dalgınlığa düşerek ipi gevşetiverdi. Aniden boşalan ip, hızla Brenda'nın gözüne çarparak lensinin düşmesine neden oldu.

Lens çok küçüktü ve bulunması neredeyse imkânsızdı.

Lens yamacın ortasında bir yerlerde kalmıştı ve Brenda artık bulanık görüyordu. Ümitsizlik içindeki Brenda, lensini bulabilmek adına yalnızca Allah'a dua edebilirdi.

İçindeki sesle dua etmeye başladı: "Allahım! Sen şu anda buradaki tüm dağları görürsün. Bu dağlar üzerindeki her bir taşı ve yaprağı bildiğin gibi, benim lensimin yerini de biliyorsun. Onu bulmama yardım et."

Patikalardan yürüyerek aşağı indiler. Aşağı indiklerinde, tırmanmak üzere oraya doğru gelen yeni bir grup gördüler. İçlerinden biri "Aranızda lens kaybeden var mı?" diye bağırdı.

Brenda'nın sonradan öğrendiğine göre, lensi bir karınca taşıyordu ve karınca yürüdükçe yavaşça kayanın üzerinde hareket edip parlayan lens, gruptakilerin dikkatini çekmişti.

Eve döndüklerinde Brenda lensini nasıl bulduklarını babasına anlattı ve bir karikatürcü olan babası da ağzıyla lens taşıyan bir karınca resmi çizerek, karıncanın üzerindeki baloncuğa şunları yazdı:

"Allahım! Bu nesneyi neden taşıdığımı bilemiyorum. Bunu yiyemem ve neredeyse taşıyamayacağım kadar ağır. Fakat istediğin sadece bunu taşımamsa, senin için taşıyacağım."

Soğan Hırsızı

Bir zamanlar uzak diyarlarda Reza adlı bir adam yaşıyordu. Reza bir gece yöredeki soğan tarlalarından soğan çalmaya ve onları pazarda yüksek bir kârla satmaya karar verir. Yaz dolayısıyla gökyüzü ve ay pırıl pırıldır; bu da onun görüş acısını kolaylaştıracaktır. Eline büyük bir sepet alır ve atını komşununun tarlasına doğru sürer.

Tarlaya vardığında kimsenin orada olmadığından emin olduktan sonra yüz tane soğan toplayarak sepetine yerleştirir. Sepet sonuna kadar dolmuştur; soğanları atına yükleyip evine dönmeye karar verir. Fakat atın üzerine o kadar ağırlığı yüklediğinden at yüksek sesle kişner.

Tarlanın üzerindeki çiftlik evinde ise çiftçinin karısı sesi duyar ve sesin nerden geldiğine araştırmak için pencereden bakar. Reza'nın atına yüklediği soğanları görür, eşi ve çocuklarına haber verir. Hep birlikte Reza' yı yakalarlar.

Sabah olduğunda Reza kadının karşısında çaldığı yüz soğanın hesap veriyordur. Kadı, Reza'ya üç cezadan birini seçmesini söyler:

Çaldığı yüz soğan karşılığında komşusuna yüz altın ödemek.

Çaldığı yüz soğan karşılığında yüz kırbaç yemek.

Çaldığı yüz soğan karşılığında yüz soğan yemek.

Reza cezalardan yüz soğan yemeği seçer. Fakat soğanları yedikçe içi çok fena olur. yirmi beş soğandan sonra ise boğazı yanar ve daha önünde yenecek yetmiş beş soğanın olduğunu düşününce, tüm bunların yerine yüz kırbaç yemenin daha iyi olduğuna karar verir. Ancak on kırbaçtan sonra acıdan kıvranır ve daha çok acı çekmemek için yüz altını komşusuna vermeyi kabul eder.

Eğer Reza 100 altını baştan ödese ne olurdu? Acı soğanları ve belini acıtan şiddetli kırbaç darbelerini yemekten kurtulurdu şüphesiz. Fakat yaşam da öyle değil midir? Önümüzde tercihler vardır ve en kısa çözüm dümdüz ve en sade olanıdır. Fakat bizler genelde yaşamda zigzaglar, üçgenler, daireler, poligonlar çizerek o yoldan birazcık saparız ve yolumuzun bu olduğunu ifade ederiz. Fakat sonunda hepsi aynı düz ve sade çözüme gider... O elde ettiğimiz uzun yollar ve çizgiler mi? Onlar da hayat tecrübelerimizdir.

Plân

Bir gün küçük bir sinek vızıltısı bir anda âdeta tüm ormanın o derin sessizliğini bozmaya yetmiş, herkesi derin düşünce ve planlar yapmaya itmişti. Nasıl mı?

Nehirde kendi halinde yüzmekte olan somon balığı yukarı doğru baktığında nehrin tam üzerinde uçup duran sineği görür ve kendi kendine şöyle düşünür:

"Eğer bu sinek biraz daha alçaktan uçarsa hemen yukarıya doğru sıçrar ve kolayca onu yakalayıp yiyebilirim."

Nehrin kıyısında duran bir ayı ise aynı sineği görmüştür ve kendi kendine şöyle düşünmektedir:

"Eğer bu sinek biraz daha alçaktan uçarsa, nehirdeki somon balıklarından biri onu yakalamak için yukarıya doğru sıçradığında, o balığı yakalayıp yiyebilirim."

Nehrin biraz yukarısındaki tepecik üzerinde saklanmakta olan bir avcı ise aynı sineği görmüştür şöyle düşünmektedir.

"Eğer bu sinek biraz daha alçaktan uçarsa, nehirdeki somon balıklarından biri onu yakalamak icin yukarıya doğru sıçradığında, bu ormandaki ayılardan biri o balığı yakalamak için ortaya çıkar ve nehre atılır, ben de kolayca onu vurarak avımı tamamlayabilirim."

Avcının saklandığı tepeciklerinlerin üzerinde olan bir fare ise aynı sineği görmüştür ve kendi kendine şöyle düşünmektedir.

"Eğer bu sinek biraz daha alçaktan uçarsa, nehirdeki somon balıklarından biri onu yakalamak için yukarıya doğru sıçradığında, bu ormandaki ayılardan biri o balığı yakalamak için ortaya çıkar ve nehre atılır; böylece avcı da onu vurmak için hızla yerinden fırladığında cebindeki şu nefis sandöviç yere düşer ve ben de bugünlük yemeğimi çıkarmış olurum."

Farenin biraz üzerindeki kayalıktaki kedi de aynı sineği görmüştür ve şöyle düşünmektedir.

"Eğer bu sinek biraz daha alçaktan uçarsa, nehirdeki somon balıklarından biri onu yakalamak için yukarıya doğru sıçradığında, bu ormandaki ayılardan biri o balığı yakalamak için ortaya çıkar ve nehre atılır; böylece avcı da onu vurmak için hızla yerinden fırladığında cebindeki şu nefis sandöviç yere düşer ve onun arkasındaki fare tam o sandöviçi yemekle meşgulken ben de onu yakalar ve bugünlük yemeğimi çıkarmış olurum."

Tam o sırada sinek alçalır ve nehre daha yakın uçmaya başlar. Nehirdeki somon balığı onu yakalamak için yukarıya doğru sıçrar ve nehrin yakınında olan ve çoktan beri sineği izleyen ayı o balığı yakalamak için ortaya çıkar, nehre atılır; böylece onu gören avcı da onu vurur. Avcının cebindeki nefis sandöviç yere düşer ve avcının arkasındaki fare o sandövici yemek üzere ortaya çıkar; kedi fareyi yakalamak üzere onun üstüne atlar... Fakat o da ne? Kedi fareyi ıskalar ve nehre düşer...

Kıssadan Hisse:

Üzerinde ne kadar uğraşılırsa uğraşılsın bazen en güzel planlar da suya düşer...

Bulut ile Yıldız

Bir zamanlar gökyüzünde birbirlerini gerçekten çok seven bir bulutla yıldız vardı. Bulut gökyüzünün en şeker, en pembe bulutu, yıldızsa; en parlak, umudu en çok yansıtan yıldızıydı. Gökyüzündeki her varlık onların sevgisini kıskanırdı. Fakat tatlı bir kıskançlıktı bir çoklarının kıskançlığı... Ancak biri vardı ki, bulut ve yıldızın ayrılmalarını yürekten istiyordu; hem de yıldızın en yakın arkadaşı olmasına rağmen...

Bulut biraz saftı, kimseyi kıramazdı...

Yıldız ise bulut için elinden gelen her şeyi yapabilir, herkese meydan okuyabilirdi. Zaten onun için bir bulutu, bir de çok sevdiği dostu peri vardı. Bir derdi olduğunda gider periye anlatırdı. Nereden bilebilirdi ki perinin bir gün bunların hepsini yıldızla bulutun ayrılmaları için koz olarak kullanacağını?

Bir gün nazar değdi bulutla yıldıza.

Hiç yoktan bir sebepten tartıştılar...

Bulut çekti gitti hatalı olmasına rağmen...

Yıldız ise "Nasılsa bulutum beni sever, dönecektir," diye düşünüp hiç bir sey yapmadı, döner geri diye düşündü...

Fakat hiç bir şey beklendiği gibi gitmedi; bulut dönmedi. Kim bilir, belki de cesaret edemedi dönmeye. "Her şeyin bitmesini göze alamam," diye düşündü.

Tek bir gerçek vardı ki, o da ikisinin de çok üzgün olduklarıydı.

Gökyüzündeki iyilik melekleri bile ağladılar onların durumlarına ama ne fayda?

Ertesi gün yıldız olanları en yakın dostu periye anlattı.

Periyse göstermelik bir hüzne büründü.

Eline büyük bir fırsat geçmişti.

Artık hayatı boyunca kıskandığı kişiye karşı kozları vardı elinde. O kişi en yakın dostu yıldız olmasına rağmen kullanacaktı kozlarını; hem de büyük bir zevkle... Bulutun yanına gitti ve yıldızın artık onu sevmediğini söyledi. Bulutsa üzüldü, boynunu büktü ama elinden hiç bir şey gelmeyeceğini düşündü. Çünkü yıldız inatçıydı. Bir kere olmaz dediyse bir daha olur demezdi.

Peri de bulutun bu üzgün durumundan yararlanıp ona olan sevgisini itiraf etti. Bulut da kimseyi kıramadığı için perinin, yıldızının yerine geçmesine izin verdi...

Yıldız günlerce bekledi bulutunun gelmesini, ondan af dilemesini ama bulut gelmedi. Bir gün yıldız bulutun yanına gidip konuşmaya karar verdi.

Gece yola çıktı.

Bulut, en iyi dostu sandığı periyle birlikte ayda eleleydi.

Melekler dayanamayıp tüm olan biteni anlattılar yıldıza.

Çok üzüldü ama döndü arkasını, çaresiz gitti.

Yavaş yavaş sönmeye başladı.

O günden sonra yıldız söndü, ışık veremez oldu.

Bulutsa artık ne o kadar pembe ne de o kadar kadifeydi.

Yıldız ilk zamanlar her şeyden vazgeçti, hayata küstü.

Fakat kolay pes etmezdi.

Kısa bir süre sonra hayatıyla ilgili o önemli kararı verdi.

O güne kadar hiç görmediği güneşin yanına gidecekti ve biraz daha ışık isteyecekti ondan. Çok geçmeden daha önce hiç görmediği güneşin yanına gitti. Ondan yansıtması için biraz daha ışık istedi. Güneş ise ışık yerine sevgisini verdi yıldıza.

O gün bu gündür yıldız dünyaya güneşin sevgisini yansıtır. Bulutsa hep gözyaşlarını akıtır dünyaya...

Bir de yüreğinde kopan fırtınaları...

Şarkı Söylemeyi Sürdür

(İnanılmaz ama gerçek bir hikâye)

Her iyi anne gibi Karen de bir bebeğin yolda olduğunu öğrenince, üç yaşındaki oğlu Michael'i yeni bir kardeş için hazırlamaya başlamıştı. Bebeğin kız olacağı anlaşıldı ve Michael annesinin karnındaki kız kardeşine her gün, her akşam şarkı söylemeye başladı. Onunla tanışmadan önce aralarında bir sevgi bağı oluşmaya başlamıştı.

Hamilelik normal bir şekilde gelişiyordu. Karen de Tenesse'de Morristown Panther Creek United Methodist Kilisesi'nde aktif bir üye olarak çalışmalarını da sürdürüyordu.

Vakti gelince doğum sancıları başladı. Sonra her beş dakikada bir, üç dakikada bir ve her dakika...

Fakat doğum anında ciddî bazı sorunlar ortaya çıktı ve Karen'in sancıları saatler sürdüğü halde bebek doğmadı. Bir sezeryan mı gerekecekti?

Nihayet çok zor çabalar sonucu Michael'in kız kardeşi dünyaya geldi. Ama çok ciddî bir sorun var gibiydi. Gece yarısı çalan ambulans sirenleri arasında Tenesse Knoxville'deki St. Mary Hastanesi

Çocuk servisinin yoğun bakım ünitesine kaldırıldı.

Günler geçtikçe küçük kız kötüleşiyordu. Çocuk doktoru çok üzgün bir şekilde "Çok az bir ümit var. En kötü son için hazırlıklı olmalısınız." dedi.

Karen ve eşi cenaze töreni için mezarlık yetkilileriyle konuştular. Evlerinde bebekleri için harika bir oda hazırlamışlardı. Oysa şimdi cenaze için töreni hazırlıyorlardı.

Michael, anne ve babasına kız kardeşini görebilmek için yalvarıp duruyordu. "Ona şarkı söylemek istiyorum," diyordu. Yoğun bakımdaki iki hafta sanki cenaze töreninin bir hafta sonra olacağını işaret ediyor gibiydi.

Michael şarkı söylemek konusunda ısrar ediyordu. Fakat yoğun bakım ünitesine çocukların girmesi kesinlikle yasaktı. Ancak Karen kararını verdi, onu oraya sokacaktı; izin verseler de vermeseler de... Eğer kız kardeşini o zaman göremezse bir daha asla göremeyebilirdi. Ona, kendisine oldukça büyük gelen bir ziyaretçi giysisi giydirdi ve yoğun bakım ünitesine soktu. Ancak başhemşire onun bir çocuk olduğunu anladı ve "O çocuğu buradan çıkarın. Çocukların girmesi yasak!" diye uyardı.

Genelde uysal bir kadın olan Karen'in içindeki anne birden güçlü bir şekilde baş kaldırdı ve başhemşirenin yüzüne çelik gibi bakışlarla bakarak "Kız kardeşine şarkı söylemedikçe buradan gitmeyecek!" dedi.

Michael'i kız kardeşinin yatağına götürdü. Savaşı kaybetmek üzere olan küçük kıza baktı. Bir süre sonra şarkı söylemeye başladı; saf ve temiz kalpli üç yaşındaki çocuğun pırıl pırıl sesiyle.

"You are my sunshine, my only sunshine, you make me happy when skies are grey..." (Sen benim gün ışığımsın, tek gün ışığım, gökyüzü griyken beni mutlu edersin.)

Aniden küçük kız tepki verdi. Kalp atışları sakinleşti ve düzenli olmaya başladı.

"Şarkıyı sürdür," dedi Karen gözleri yaşlarla dolu.

"You never know, dear how much I love you. Please don't take my sunshine away!" (Seni ne çok sevdiğimi asla bilmeyeceksin, sevgilim. Lütfen gün ışığını benden alma.)

Micheal şarkıyı sürdürdükçe, bebeğin sorunlu, kesik kesik olan solunumu küçük bir kediciğin nefes alış verişi gibi düzenli bir hâle girmeye başladı.

"Şarkı söylemeye devam et bebeğim."

"The other night, dear, as I lay sleeping, I dreamed I held you in my arms." (Geçen gece uyurken, rüyamda seni kollarımda tuttuğumu gördüm sevgilim.)

Michael'in küçük kardeşi sakinleşmeye devam etti. Bu, bir iyileşme de gösteren bir sakinleşmeydi.

"Devam et Michael!" Şimdi o diktatör tavırlı başhemşirenin yüzü yaşlarla ıslanmıştı. Karen de coşkuyla şarkıya katıldı.

"You are my sunshine, my only sunshine. Please don't take my sunshine away."

Ertesi gün, hemen ertesi gün küçük kız eve gidebilecek kadar iyileşmişti.

Women's Day isimli dergi bu olaya "Abinin şarkısının mucizesi" adını verdi...

* * *

Sevdiğiniz insanlar için ümidinizi asla yitirmeyin.

Sevgi inanılmayacak kadar güçlüdür...

Turna Kuşu

Japonya'ya atom bombası atıldığında iki yaşında olan bir kız on iki yaşına geldiğinde, maruz kaldığı radyasyon nedeniyle kansere yakalanmış. Savaşta öksüz ve yetim kalan zavallıcık hastaneye yatırılmış. Ancak durumu ümitsizmiş.

Hastanedeki tüm doktorlar küçük kızın ölümü için gün sayarken, küçük Japon kızı hayat doluymuş. Koridorlarda koşuyor, oynuyor ve diğer hastalara yardım ediyormuş. Hastaların arasında en sevdiği kişi ise seksen yaşlarında, kendisi gibi kanser olan yaşlı bir kadınmış. Küçük Japon kızı, ölüm döşeğindeki bu yaşlı kadını hiç yalnız bırakmamış. Kadın ölmeden hemen önce "Benim için çok geç ama bizim inanışımıza göre, eğer bir kişi kağıttan bin tane turna kuşu yaparsa, her istediği kabul oluyor. Ben yapamadım, sen yap ve kurtul!" demiş ve son nefesini vermiş.

Küçük Japon kızı çok üzülmüş ama hayatta kalma arzusuyla, geleneksel Japon sanatı olan origamiyle kağıttan turna kuşları yapmaya başlamış. Neşe içinde çalıştığından ilk başlarda çok hızlı yapıyormuş. Bin tane turna kuşu yapması işten bile değilmiş. Fakat bu sırada sağlığı da hızla bozuluyormuş. Bu hazin öykü önce yerel, sonra da uluslararası basında yer almış. Dünyanın dört bir yanından insanlar kıza binlerce turna kuşu göndermeye başlamışlar.

Ancak küçük Japon kızı, haberler basında çıktığında elini kıpırdatamaz hale gelmiş. Hayattaki son saatlerini altı yüz otuz yedinci kuşu yaparak geçirmiş. Kuşu bitirmiş; gözleri kapanırken hemşireler ve hastabakıcılar postadan çıkan yüzlerce origami turna kuşuyla odasına girmişler. Küçük Japon kızı, yüzünde bir tebessüm yatağında cansız yatıyormuş. Postacılar aylarca kağıttan turna kuşu taşımışlar hastaneye.

Sayısı milyonlara ulaşan turna kuşları Japonya'da bir müzede sergilenmektedir.

Kâinatın Işığı

19. yüzyılın büyük İngiliz ressamlarından William Holman Hunt'ın, bir bahçeyi tasvir eden bir tablosu Londra Kraliyet Akademisinde sergileniyordu. Hunt'ın "Kainatın Işığı" adını verdiği bu tabloda geceleyin elindeki fenerle bahçede duran filozof kılıklı bir adam görülüyordu. Adam, serbest kalan eliyle bir kapıya vuruyor ve içerden bir cevap bekler gibi görünüyordu. Tabloyu tetkik eden bir sanat eleştirmeni Hunt'a dönerek:

"Güzel bir tablo doğrusu; ancak mânâsını bir türlü kavrayamadım," dedi. "Adamın vurduğu kapı hiç açılmayacak mı? Ona tokmak takmasını unutmuşsunuz da..."

Hunt gülümsedi: "Adam alelade bir kapıya vurmuyor ki..." dedi. "Bu kapı, insan kalbini temsil ediyor. Sadece içeriden açılabildiği için, dışında tokmağa ihtiyaç yoktur."

Sıradan Bir Arkadaş

** Sıradan bir arkadaş, sizi asla ağlarken görmez. Gerçek arkadaşın omuzları, sizin göz yaşlarınızdan sırılsıklam olmuştur.

** Sıradan bir arkadaş, sizin anne ve babanızın adlarını bilmez. Gerçek arkadaş ise, onları adres defterine not eder.

** Sıradan bir arkadaş, verdiğiniz partiye bir şişe şampanya getirir. Gerçek arkadaş ise, hazırlığınıza yardım etmek için erken gelir ve geç saatlere dek size evinizi temizlemeniz için yardım eder.

** Sıradan bir arkadaş, o yatağında uyurken ona telefon etmenizden nefret eder. Gerçek arkadaş ise, sizin neden bu denli geç saatte aradığınızı sorar ve bir sorun olup olmadığını öğrenmek istediğini söyler.

** Sıradan bir arkadaş, sorunlarınızı araştırmak için sizinle konuşur. Gerçek arkadaş ise, sorunlarınızı çözmek için araştırır.

** Sıradan bir arkadaş, sizin duygusal yaşamınızı merak eder. Gerçek arkadaş ise, sizin o konudaki acılarınızı paylaşır.

** Sıradan bir arkadaş, evinize geldiğinde bir konuk gibi davranır. Gerçek arkadaş ise, buzdolabınızı açar, kendine yiyecek bir şeyler hazırlayıp kendi evindeymişcesine rahat davranır.

** Sıradan bir arkadaş, onunla tartıştığınızda arkadaşlığınızın sona erdiğini düşünür. Gerçek arkadaş ise, tartışmalarınızın aranızdaki dostluk ilişkisini bozmayacağını bilen kişidir.

Teslimiyet

Yaşlı ve çirkin bir tüccar, karşılığını parayla ödeyeceği zevk gecesi için olağanüstü güzel ama taş kalpli bir kadınla birlikte olmuş... Sabaha karşı yaşlı adamın uykuya dalmasını fırsat bilen genç kadın, soyguncu dostlarını çağırmış. Ne var ki tüccar, tilki uykusundan fırladığı gibi olanca gücüyle karşı koymaya, dövüşmeye başlamış. Haydutlar hem kalabalık, hem de işinin ehliymiş. Onu kolayca köşeye sıkıştırmışlar. Ancak ne kadar vururlarsa, bu zayıf ve çirkin bedende yara açılmadığını, can alıcı darbelerin hiç iz bırakmadığını görmüşler. Bıçaklarını, kılıçlarını çekmişler. Fakat en keskin bıçak, en acımasız kılıç bile tüccara hiç bir şey yapamıyormuş...

Sonunda korkup kaçmışlar. Dövüşü izleyen kadın, yaşlı adamın mucizevî gücünden etkilenmiş, bir kez daha -ama bu kez aşk adına- tüccarla sevişmek istemiş. Onu hayranlıkla, arzuyla, şefkatle okşamaya başlamış. Gelgelelim güzel kadının her dokunuşunda tüccarın bedeninde yeni bir yara beliriyormuş.

Dövüşün, darbelerin, bıçakların, kılıçların açtığı yaralarmış bunlar. İçten bir ilgi ve şefkat görene dek gizli kalmışlar.

Sonunda tüccar kanlar içinde kadının kollarına yığılmış ve ölmüş...

* * *

Tam bu türden hayatlar yaşamıyor muyuz?

Aşktan bunca korkmamız bu yüzden değil mi?

Kimsenin kollarında yığılıp can vermek istemiyoruz.

Çünkü, her yanımız kılıç yaralarıyla dolu.

Ama bir şekilde kapanmış, kabuk bağlamış yaralar onlar...

Nasıl yapmışsak yapmışız, üstesinden gelmişiz...

Ama biri, kabuk tutmuş yaraları okşamaya başladığında, birdenbire açılıveriyor ve oluk oluk kanamaya başlıyor yeniden...

Birine teslim olduğumuzda, anlatmaya başladığımızda, içimizi döktüğümüzde, bedenimiz ve ruhumuz kan içinde kalıveriyor...

O yüzden değil mi içimizi tutmamız?

Birisine teslim olmaktan korkmamız...

Ortalıkta tedirgin ve gergin dolanmamız...

"Anlatsam mı, anlatmasam mı?" kararsızlığımız...

"Bu sevgi beni acıtır mı?" kuşkularımız...

NOTLAR